BSHOTEL
BSHOTEL

정재승의 인간탐구보고서

어린이를 위한 뇌과학 프로젝트

정재승의 인간탐구보고서

기획 정재승 | 글 정재은 이고은 | 그림 김현민

아울북

차례

퀴즈
쿠키

펴내는 글

<인간 탐구 보고서>를 시작하며

청소년들에게 '호모 사피엔스 뇌의 경이로움'을 일깨워 주었으면

어린이와 청소년들에게 단 한 권의 책을 읽혀야 한다면, 그것은 '우리들에 대한 과학'이어야 한다고 생각합니다. 우리 인간이 왜 이렇게 행동하고 생각하는지 '마음의 과학'을 일러 주어야 한다고 말입니다. 어린 시절 우리가 무척 궁금해하고 고민하는 대부분의 것들은 바로 나와 가족, 친구들, 그리고 이웃들의 마음에서 비롯된 것들이니까요.

왜 엄마가 하지 말라는 행동은 더 하고 싶은 걸까요? 아빠가 형이나 오빠를 더 챙기면 질투가 나서, 왜 형까지 미운 걸까요? 왜 시험 때만 되면 교과서 말고 다른 책들이 더 읽고 싶어지는지, 왜 좋아하는 여학생은 더 잘 대해 주어야 하는데 오히려 놀리고 싶은지, 정말 궁금하지요.

어린이들에게 마음의 과학을

마음을 탐구하는 학문인 뇌과학과 심리학은 인간의 사고, 판단, 행동에 대한 가장 흥미로운 설명을 우리들에게 들려줍니다. 지난 150년간 신경과학자들과 심리학자들은 '인간 뇌가 어떻게 작동하여 마음

이란 걸 만들어 냈는지' 꽤 많은 걸 밝혀냈습니다. 초등학교와 중학교에 다니는 학생들에게 다른 나라 언어나 복잡한 수학 공식을 가르쳐 주는 것도 필요하지만, '마음의 과학'을 가르쳐 주는 것이 가장 중요합니다. 나는 누구이며, 우리는 어떤 존재인지, 인간 사회는 왜 이렇게 돌아가는지에 대해 과학자들이 밝혀낸 사실들을 아이들에게 알려 주어야 합니다. 그게 우리에게 진짜 유익한 지식이니까요.

그런데 놀랍게도, 우리나라는 고등학교를 졸업할 때까지 뇌과학이나 심리학을 배울 기회가 거의 없습니다. 생물 시간에 잠깐, '우리 뇌는 뉴런이라는 신경 세포들이 시냅스로 연결된 거대한 그물망(네트워크)이며, 뉴런들이 서로 전기 신호를 주고받으면서 놀라운 정신 작용을 만들어 낸다.'는 것 외에는 세상이 아이들에게 '뇌와 마음'에 대해 가르쳐 주지 않습니다.

제게는 딸 셋이 있습니다. 초등학교에 다니는 저희 딸아이들을 위해 제가 책을 한 권 낼 수 있다면, '어린이와 청소년들을 위한 뇌과학' 책이어야 한다고 생각했습니다. 그렇게 해서 이 책이 탄생하게 됐습니다. 무려 10년 전부터 준비했던 이 책이 여러 우여곡절을 거쳐 드디어 근사한 모습으로 빛을 보게 된 것입니다. 바라건대, 이 책이 혼란스러운 어린 시절과 고민 많은 사춘기를 관통하게 될 모든 10대들에게

'나에 대한 친절한 가이드북'이 되었으면 합니다. 뇌과학과 심리학이 그들을 유익한 방황과 진지한 성찰로 인도해 줄 겁니다.

인간의 일상을 낯설게 관찰하기

이 책은 외계인의 시선으로 인간을 탐구하는 흥미로운 이야기입니다. 아우레 행성으로부터 외계 생명체 아싸, 바바, 오로라, 라후드가 지구로 찾아옵니다. 아우레에서 더 이상 살 수 없게 되자, 이주할 외계 행성을 찾기 위해 지구에 파견 온 그들은 지구의 지배자인 인간들을 관찰합니다. 우리 인간들을 물리치고 지구를 점령할지, 인간들과 공존하며 지구에서 함께 살지 알아보기 위해 말입니다.

호모 사피엔스를 처음 만난 아우린들에게는 인간의 모든 행동 하나하나가 흥미로운 관찰 대상입니다. 얼굴에 옹기종기 모여 있는 눈, 코, 입의 형상에 지나치게 집착하는 것도 흥미롭고, 기억력도 자신들에 비해 부실하고, 불쑥불쑥 화를 내며 충동 억제를 잘 못하는 인간들이 그저 신기하기만 합니다. 그러면서도 그들은 자신들을 '현명한 동물(Homo sapiens, 호모 사피엔스)'이라고 부르니 말입니다. 전혀 합리적으로 행동하지 않는 우리 호모 사피엔스들이 그들에겐 그저 어리석게만 보일 뿐입니다. 하지만 그들이 우리를 점점 알아 가면서 우리

인간들의 장점도 파악하겠지요? 기대해 봅니다.

아이들은 이 책의 첫 페이지를 열면서 외계인의 시선으로 인간을 바라보는 생경한 경험을 하게 될 것입니다. 아싸와 아우레 탐사대처럼 인간을 관찰한 후 '탐구 보고서'를 아우레 행성으로 보내는 과정에 동참할 것입니다. 이 과정을 통해 아이들은 우리들의 평범하고 당연한 일상을 낯설게 바라보는 경험을 하게 될 것입니다. 마치 우리가 곤충을 관찰하고 기록 일기를 쓰듯이, 인간의 일상을 관찰하고 탐구 보고서를 쓰면서 우리를 돌아보게 될 것입니다.

인간이라는 사랑스럽고 경이로운 생명체

그 과정에서 아이들은 우리 인간을 비로소 '이해'하게 될 것입니다. 외계 생명체 라후드처럼 '인간은 정말 이해 못 할 이상한 동물'이라고 여겼다가, 점점 우리들을 이해하게 될 것입니다. 방금 본 것도 잘 기억하지 못할 정도로 호모 사피엔스의 기억 중추는 턱없이 부실하지만, 그렇기에 우리는 부실한 기억 중추를 만회하려고 '반드시 기억해야 할 것이 무엇인지, 소중한 것이 무엇인지 판단하는 능력'을 얻게 됐는데, 그것이 우리를 더 근사한 존재로 만든다는 것을 깨닫게 되지요. 친구가 산 옷이면 나도 사고 싶고, 형이 먹는 걸 보면 배가 고프지 않아도 나도 먹고 싶고, 동생이 우는 것만 봐도 나도 그냥 눈물이 날 정도로 우리 인간들은 '이상한 따라쟁이'입니다. 하지만 그 덕분에 다른 사람의 감정에 공감하며 슬픔을 함께 극복하고 힘든 역경을 이겨 낼 수 있다는 걸 깨닫게 됩니다. 아싸와 아우레 탐사대가 그렇듯, 우리 어린이들도 이 책을 읽으면서 인간 존재의 신비로움을 깨닫게 될 것입니다.

그러면서 결국 외계 생명체 아우린들이 '인간이 얼마나 사랑할 만한 존재'인지 알아주었으면 합니다. 무지 비합리적이고 종종 충동적이며 때론 폭력적이기까지 한 존재이지만, 인간 내면의 실체를 모두 알게 되면, 우리 호모 사피엔스가 얼마나 사랑스러운 존재인지 깨달았으면 좋겠습니다. 아우레 행성의 외계 생명체들이 제발 우리를 지배하려 하지 말고, 우리 인간들의 사랑스러운 매력에 빠져 주길 희망합니다.

무엇보다도, 인간의 뇌는 이성과 감성이라는 두 말이 이끄는 쌍두마차로서, 우리가 사는 세상을 좀 더 근사한 곳으로 만들기 위해 끊임없이 애쓰는 경이로운 기관임을 그들이, 아니 어린 독자들이 알아주었으면 합니다. 우리는 과학이라는 정교한 현미경을 가지고 있으면서도, 동시에 예술이라는 풍성한 악기도 가지고 있는 놀라운 생명체라는 사실 말입니다. 바티칸 시스티나 성당의 '천지창조'를 그릴 정도로

풍부한 감성을 가졌으면서도, 동시에 우주가 빅뱅에 의해 138억 년 전에 탄생했다는 사실을 밝혀낸 이성적인 존재라는 사실 말입니다.

인간의 숲으로 도전적인 탐험을!

인간의 실체가 모두 속속들이 밝혀질 때까지, 아싸와 아우레 탐사대의 '인간 탐구 보고서'는 아우레 행성을 향해 끊임없이 발신될 것입니다. 호모 사피엔스의 뇌가 가진 경이로운 능력, 사랑스러운 매력이 외계 생명체들에게 충분히 이해될 때까지 보고서는 결코 멈추지 않을 것입니다. 그 과정에서 우리 어린이들 또한 인간에 대한 이해가 깊어지겠지요? 외계 생명체 아우린들이 흥미롭게 써 내려간 '인간 탐구 보고서'에서 어린이들과 청소년들이 나를 발견하는 놀라운 경험을 하게 되길 진심으로 기대합니다. 사실 인간 탐구 보고서는 인간 사회를 지배하기 위해 아우레 행성의 정복자들이 작성한 무시무시한 보고서가 아니라, 인간이라는 숲을 탐색하는 외계 탐험가의 도전적인 보고서이기 때문입니다. 자, 이제 그들의 인간 탐험을 흥미롭게 함께해 주시길!

정재승 (KAIST 뇌인지과학과+융합인재학부 교수)

등장인물 아우레인

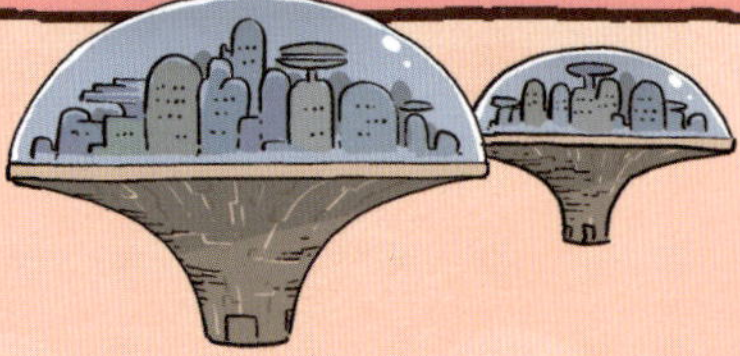

아싸

최고의 이성을 지닌 천재 과학자.
매번 새로운 놀이를 가져오는
지구 어린이들 때문에 의도하진 않았지만
최신 유행 놀이를 다 꿰고 있다.
잘생긴 외모에 반한 지구인의
고백을 받는 것이 일상이지만,
이번 고백은 아싸를 조금 놀라게 했다.
왜냐하면 전혀 예상치 못한
내용이었기 때문!

바바

뭐든지 뚝딱뚝딱 만들어 내는
아우레 행성의 엔지니어.
본부의 옆집 식구들은 솜씨 좋은 바바에게
물건을 고쳐 달라고 부탁하기도 한다.
최근에는 지구인의 기억 저장 장치가
심어진 것으로 보이는 특별한
샤프의 수리를 맡게 되었다.
시험을 잘 보게 해 준다는
이 샤프의 정체는?

오로라

아우린의 생각을 바꾼 지구인들에게
점점 호기심이 생기는 행성의 군인.
항상 바르고 정확한 언어를 사용해
위니 원장을 당황시키지만, 필요할 때는
위로를 원하는 지구인에게 따뜻한 말을
건넬 줄도 안다. 왠지 모르게 자꾸만
기대고 싶어지는 차가운 매력의 소유자.

라후드

외계인 추적자의 소굴에서 일하며
매일 맛있는 지구의 음료를 만들어 내는
외계문명탐구클럽의 회장. 지구인과 가장
비슷하다는 이유로 행성의 중요 임무를
떠맡게 되었다. 바로 아우린의 이야기 지어내기!
지금까지 드라마를 열심히 본 것이
라후드의 임무 수행에 도움이 될까?

루나

수상한 목적을 가지고 지구에 도착한
아우레 행성의 지도부. 일정한 시각이
되면 대원들의 눈을 피해 비밀스러운
장소로 향한다. 보석산에서 솟아오르는
신비한 빛과 관련이 있어 보이는데….
루나가 어디에서 무엇을 하는지는
아직 아무도 알아내지 못했다.

등장인물 지구인

써니

운명은 스스로 만들 수 있다고 믿는 당찬 초등학생. 미신은 미신일 뿐이라고 생각했지만, 마법처럼 찾아온 운명의 상대에게 마음이 흔들린다.

유니

우연한 기회에 미신을 어긴 중학생. 빨간색으로 누군가의 이름을 써 버리고 말았다. 유니가 믿는 각종 미신의 결과는…?

금 사장

하는 일마다 이상하게 행운이 뒤따르는 부동산 중개업자. 엄청난 행운 뒤에는 과연 어떤 불행이 기다리고 있을까?

준

써니의 같은 반 친구. 써니의 관심을 받고 싶어서 헤어스타일까지 멋지게 변신을 시도했다. 하지만 예상치 못한 곳에서 운명의 퍼즐이 맞춰지는데….

루이

보스 납치 사건 이후, 외계인에 대한 관심이 폭발한
편의점 알바생. 급기야 외계인으로 의심되는 인물을
미행하기 시작한다.

보스

미신에 푹 빠져 버린 외계인 추적자의 보스.
평소에는 과학적 이성을 발휘하지만 외계인을 못 찾을지도
모른다는 불안감 때문에 미신을 믿기 시작한다.

검은 양복

복권은 한 번도 당첨되어 본 적이 없고,
소풍날에는 비를 몰고 다니는 운 없는 사나이.
정 박사 덕분에 반복되는 불운의 이유를 알게 된다.

1

운명 만들기 대작전

지구인의 운명은 우연에서 시작된다

까악
까악
까악
스윽
BS HOTEL
BS HOTEL
들어가지 마시오.
성질 고약한
보스의 사유지.

미니미
우주선은
안전함.

지잉
꾹

반 짝
?
저기 이상한 빛이 휙 올라왔어. 봤어?
혹시 귀신 호텔? 며칠 전에 나도 봤는데….
귀신을 봤다고? 진짜?
귀신이 어딨냐? 귀신, 뱀파이어, 좀비, 요정, 이런 거 다 거짓말이야.
아니야. 저기 귀신 호텔에서 가끔 죽은 영혼이 호르르 올라온대.
무서워!
으스스
꼬옥

루나는 아우레에서 타고 온 미니미 우주선을 숨겨 두었다. 다른 아우레 탐사대원들에게도 비밀로 했다. 루나에게는 특별한 계획이 있기 때문이었다.

루나는 지구인들의 눈에는 보이지 않게 설정해 두었던 미니미 우주선을 가시광선에 드러냈다. 우주선에 탑승해 매끈하게 숨겨진 조종석의 버튼을 가볍게 누르자, 아우레 행성에서 온 비밀 통신문이 떠올랐다.

루나 님의 긴급 요청 승인.
행성 지도부에게 비밀로
생물종 제거 장치의 설계도 보냄.
미니미 우주선의 부품을 이용해 제작 가능.

-지구 이주 추진 비밀 본부-

'지구 이주 추진 비밀 본부'는 아우레 행성 지도부의 지구 정책에 반대하는 비밀 조직이다. '이주할 행성의 피해를 최소화한다'는 우주 대원칙을 지키려는 행성 지도부에 불만을 품은 아우린들이 조직했다.

루나는 행성 지도부 중 한 명이지만, 이 비밀 조직의 비밀 대표이기도 하다.

'지금까지는 계획대로 착착 진행되고 있다. 잃어버린 생물종 제거 장치만 다시 만들면…….'

루나는 비밀리에 받은 설계도를 띄웠다.

뻘뻘
끼잉끼잉
팅
그럼
어디 한번…?
지잉
히익!
펑
푸슝
실패.
추욱
사사사삭
앗, 돌아갈 시간.
다른 탐사대원의
의심을 받기 전에
일단 돌아감.

임시 본부 앞에는 서둘러 돌아온 루나를 기다리는 지구인이 있었다. 루나에게 고백했다 거절당한 민재였다. 민재는 루나와 친해질 방법을 궁리해 왔다.

'우연이 계속되면 인연이라고 했어! 우연히 자꾸 만나다 보면 루나도 나를 좋아하게 될 거야.'

민재는 우연한 만남을 가장하기 위해 일부러 루나의 집 근처에서 놀았다.

생선파들은 민재의 전략에 감탄했다. 하지만 아우린인 루나에게는 통하지 않았다.

"이 만남은 우연이 아니라 확률임. 여기는 내 집, 평일 오후에 이 앞에 서 있으면 나와 만날 가능성 90%."

루나는 아우린답게 논리적으로 설명하고 쌩~ 들어갔다. 생선파는 아이스크림을 쪽쪽 빨며 그 모습을 지켜보았다.

조금 뒤 다른 초등학생들이 우르르 편의점에 와서 아이스크림을 골랐다.

써니는 예전부터 좋아하던 빙수바를 골랐다. 준은 망고바를 골랐다. 망고바는 빙수바보다 200원이나 더 비싸지만 준의 입맛에는 훨씬 더 맛있다. 준은 써니에게도 망고바를 권했다.

"망고바 안 먹고? 훨씬 맛있는데, 써니 너도 망고바 먹어."

"먹어 봤거든~. 근데 난 별로더라."

써니는 망고바에도, 준에게도 관심을 주지 않고 아싸를 불렀다.

"아싸야, 너도 빙수바?"

"거절."

아싸는 지구 음식이라면 단 것도, 찬 것도 다 싫었다. 써니는 빙수바를 손에 들고 아싸와 함께 집 앞으로 쪼르르 걸어갔다.

"네? 왜요?"

준은 깜짝 놀랐다. 생선파 형들은 연애의 도사들일까? 써니는 준이 주위를 빙빙 돌며 그렇게 눈치를 줘도 모르는데.

"우리가 그런 쪽으로는 좀 잘 알지. 털어놔 봐."

"너처럼 해서는 영 가망 없다~."

한창 이성에 관심이 많은 생선파들이기에, 초등학생 꼬마의 사랑도 흥미진진했다. 준은 생선파들의 꼬임에 홀랑 넘어가 연애 상담을 시작했다.

"써니는 어린이집 때부터 친구였는데요, 제가 좋아하거든요. 고백했다가 거절당하면 어색해질까 봐 말도 못 하고 있는데, 써니는 눈치도 못 채고 다른 애 좋아하는 것 같고……."

"써니는 아싸 좋아하지?"

"어떻게 알았어요?"

생선파 형들은 족집게였다. 준은 이 형들이 연애 박사들이라고 믿었다. 조금 전 민재에게 우연이니 운명이니 하는 말을 듣고 배운 줄은 꿈에도 몰랐다.

'우연이 겹치면 운명이 된다.'

준은 형들의 조언을 가슴 깊이 새겼다.

이제 써니와 우연히 만나고, 우연히 같은 취향을 갖고, 우연히 같은 팀이 되면 된다. 하지만 어떻게?

준은 일단 써니와 똑같은 물건을 샀다. 똑같은 줄넘기, 똑같은 지우개, 똑같은 실내화…….

"앗, 써니야! 네 실내화, 내 거랑 똑같다~."

"뭐래? 애들 다 똑같거든?"

준은 써니가 자주 흥얼거리는 노래도 외웠다. 써니 옆에서 일부러 큰 소리로 불렀다.

"너, 그 노래!"

써니가 준에게 관심을 보였다.

뒤집어라
엎어라~.
와글
와글
헐끔
앗! 우리 또 같은 편이네!
우연이 계속 겹치면 운명이라는데…, 헤헤.
착
에이, 아냐~. 운명의 상대를 만나면 살랑살랑 바람이 불면서 하늘에서 막 음악 소리가 들린다던데?
바람? 음악? 그런 걸 어떻게 만들어….
힝

우연 만들기 작전은 쉽지 않았다. 어쩌다 일어나는 일을, 일부러 만들려니 잘 안됐다.

"이제 정말 만들어 낼 우연도 없어. 역시 운명은 사람이 만들 수 없는 건가? 생선과 형들은 된다고 했는데……."

준은 한숨을 푹 쉬었다. 학교에서도 집에서도, 의욕이 없었다. 아빠가 모처럼 야구장에 가자고 하는데도 심드렁했다.

"아빠가 야구 경기 표를 얻었다니까. 너, 야구 좋아하잖아."

"이젠 별로예요. 라쿤즈는 더 별론데……."

준은 아빠에게 질질 끌려서 야구장에 갔다. 드넓은 야구장에는 사람이 꽉꽉 들어차 혼잡하기 이를 데 없었다. 준은 인상을 팍 썼다. 가뜩이나 마음도 심란한데, 아빠가 억지로 사서 씌워 준 라쿤즈 모자가 너무 작아서 머리까지 아팠다.

준의 아빠는 준의 손을 꼭 잡았다.

"너무 복잡하다. 아는 사람을 만나도 못 알아보겠어."

하지만 준은 그 속에서 누군가를 금세 알아보았다.

우연이 반복되자 써니는 고민이 되었다.

'쳇, 아싸가 운명의 상대면 좋겠는데…….'

써니는 유니 언니에게 상담을 요청했다. 짝사랑 전문인 것 같지만, 달리 물어볼 사람이 없었다.

"그러니까 운명의 상대가 누구인지 궁금하다, 이거지?"

사실은 유니도 자신의 운명의 상대가 궁금했다. 찬이 오빠도 아니었고, 수현이도 아닌 것 같고. 그럼 누굴까?

"친구들한테 들었는데, 밤 12시에 머리빗을 입에 물고 세면대에 물을 가득 채우면, 운명의 상대 얼굴이 떠오른대."

"정말? 귀신 나오면 어떡해! 언니 해 봤어?"

유니는 고개를 절레절레 저었다. 유니도 한번 해 보려다가 무서워서 못 했다. 하지만 써니와 함께라면 용기를 낼 수 있다.

그날 밤, 유니와 써니는 세면대에 물을 가득 채우고, 손에는 빗을 든 채 12시를 기다렸다. 설마 귀신이 나타나지는 않겠지? 설렘과 두려움으로 마음이 콩당콩당 뛰었다.

11시 59분 51초, 52초, 53초……. 시간이 초조하게 흘렀다.

써니는 눈을 부릅뜨고 세면대에 담긴 물을 쳐다보았다.

"59초. 지금이야."

유니의 말과 동시에 불이 탁 꺼졌다. 욕실은 순식간에 깜깜해졌다. 운명의 상대는커녕 아무것도 보이지 않았다.

순간 욕실 문이 벌컥 열렸다.

"어머, 너희 거기 있었니? 조용해서 아무도 없는 줄 알았네."

위니 원장이 다시 불을 켜 줬지만, 이미 12시 1분이었다.

"아무것도 못 봤잖아~! 다 엄마 때문이야."

써니는 울상이 되었다.

"애들은 무슨 일만 있으면 엄마 때문이래. 이 시간에 둘이서 뭐 했는데?"

써니와 유니는 입을 꾹 다물었다. 한밤중에 물 떠 놓고 운명의 상대 어쩌고 한 줄 알면, 엄마한테 혼날 게 뻔하니까!

보고서
45

지구인에게는 믿음이 필요하다

2019년 12월 7일 아우레 7386년 1월 26일 작성자: 아싸

지구 사건 개요

* 루나는 매일 몇 시간씩 단독 행동을 하고 있음. 기회가 닿는 대로 지구인을 쓸어 버리고 싶어 하기 때문에, 이 시간 동안 무슨 일을 하고 다니는지 좀 더 면밀히 관찰해야 함.
* 지구인들은 남의 연애 얘기에 관심이 많고, 조언하기를 좋아한다는 이전 보고서의 내용은 거의 매일 확인되고 있음. 오늘 편의점에서 연애 한 번 해 보지 않은 생선파들은 초등학생인 준의 연애에 엄청난 관심을 보이고, 여기저기에서 들은 이야기들로 조언을 해 댔음.
* 시도 때도 없이 본부에 쳐들어오는 써니를 멀리할 방법을 찾음. 써니에 대한 준의 관심을 이용해, 써니 역시 준에게 관심을 가지도록 지구인들을 돕기로 함. 지구인을 위해서가 아니라, 아우린인 나의 안전을 위해서임.

설명이 되어야 직성이 풀리는 지구인의 뇌

- 지구인들의 연애 조언은 매우 이상했음. 좋아하는 마음을 고백하기에 앞서, 상대방의 마음을 움직일 수 있는 '우연'을 만들라고 한 것. 지구에서 '우연'이란 아무 상관없이 일어나는 일들을 뜻하는 말임. 하지만 지구인들은 우연이 반복되면 운명이라고 믿어 버리고, 그 일에 지나치게 의미를 부여하기 시작함. 다시 말해, 생선파는 상대방에게 의미 있는 중요한 사람이 되라고 조언한 것임.
- 지구인들이 우연히 일어난 일에도 자꾸 의미를 부여하려고 하는 것은, 지구인의 뇌가 사건의 이유를 알아내고 싶어 하기 때문. 이유가 없으면 일부러 이유를 만들어 내서라도 그 사건을 설명하고 이해해야 안심함. 지구인들은 이렇게 이유가 설명되어야 나중에 비슷한 일이 일어났을 때 미리 대비할 수 있다고 생각함.

- 하지만 지구인의 뇌는 이유 찾기에 열중한 나머지, 자신이 찾아낸 이유가 타당한지 아닌지에 대해서는 그다지 신경을 쓰지 않는 것 같음. 자신의 이성에 지나친 자신감을 갖고 있는 재미있는 생명체임.

지구인들에게는 믿음 체계가 존재한다

- 지구인은 믿음 없이는 살 수 없음. 내가 건너는 다리가 충분히 안전하다고 믿지 않으면 다리를 건널 수 없고, 상대방이 약속을 지킬 것이라는 믿음이 없으면 지구 생활에 필수적인 돈이 오가는 계약을 할 수가 없음. 지구인들의 모든 행동은 믿음에 기반함.
- 그래서 지구인들은 주변에서 일어나는 일들에 믿음 체계를 만들기 위해, 'A는 B다' 같은 식의 패턴을 찾고, 이를 바탕으로 다른 일을 설명하려고 함. 지구인의 낮은 이성으로는 주변에서 일어나는 일들을 일일이 설명하지 못하므로, 미리 패턴을 만들어서 이를 바탕으로 설명하려 한 것. 이러한 믿음의 패턴은 경험을 통해 습득하기도 하고, 주위 환경에 의해 학습되기도 함.
- 준이 반복적으로 써니에게 "우리는 운명이야."라고 말함으로써, 써니의 머릿속에는 "준과 나는 운명이다."라는 패턴이 형성될 수 있었음. 준은 지구인의 뇌가 가진 이러한 패턴의 성격을 이용한 것. (이러한 패턴의 특징을 이해했는지는 알 수 없음.)

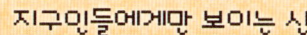

지구인들에게만 보이는 신

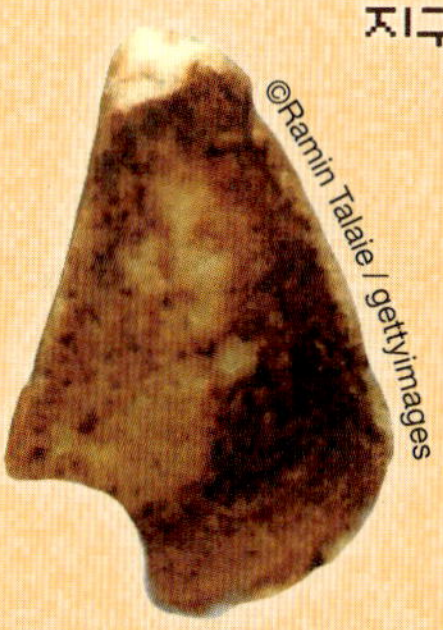

©Ramin Talaie / gettyimages

우연히 이런 모습으로 구워진 이 빵은 경매에서 한화 약 3,300만 원에 팔렸다. 빵만 잘 태워도 부자가 될 수 있다니.

지구인들의 패턴 찾기는 다양한 곳에 등장한다. 보고서 26에서 지구인들이 주변의 많은 사물에서 얼굴 형상을 찾는 걸 좋아한다는 내용을 기억하는가? 신을 믿는 지구인들은 사물의 얼룩에서 신의 얼굴을 찾아내기도 한다. 그러한 지구인들에게 신의 얼굴 패턴이 형상화된 이 빵은 단순한 토스트가 아닌, 신이 보낸 계시처럼 느껴지기도 하는 것!

지구인의 미신이 만들어지는 과정

- 미신이 어떻게 해서 만들어지는지 밝혀내기 위해 지구의 스키너라는 심리학자가 진행한 실험이 있음. 그는 배고픈 비둘기 여덟 마리를 새장에 넣고 15초마다 자동으로 먹이를 주는 기계를 설치함. 시간이 조금 지나자, 그중 여섯 마리의 비둘기가 특정 행동을 반복하기 시작함. 어떤 비둘기는 머리를 흔들었고, 어떤 비둘기는 부리로 바닥을 쪼려고 했음. 먹이가 나온 순간 비둘기들이 하고 있던 행동은 실제 먹이가 나오는 조건과 아무 상관 없었지만, 비둘기들은 그 순간 우연히 하고 있던 행동이 먹이를 나오게 했다고 생각하고 이를 패턴화함.
- 지구인들도 이와 같은 방식으로 미신을 형성함. 인과 관계가 없는 두 가지 사건에서 우연한 기회에 패턴을 찾으면, 이 패턴에 미신적 이유를 만들어 붙임. 물론 이렇게 만들어진 미신을 무조건 다 믿는 것은 아니지만, 믿는다고 해서 손해 볼 일은 없기 때문에, 미신적 패턴은 계속 유지됨.

후속 탐사대에게 | **지구 생활 서바이벌 1**

- 지구에는 독사에 물렸을 경우 취해야 할 미신적 치료법이 많다. 독사에 물리는 상황이 주로 가까이에 병원이 없는 깊은 산속인 경우가 많기 때문으로 보인다. 된장을 바르라거나, 독한 술을 마시라거나, 자신을 문 뱀을 잡아먹으라는 등 방법은 수십 가지.
- 이렇게 다양한 미신적 방법이 존재하는 이유는, 사실 뱀에 물린 뒤에 무슨 짓을 하든 죽지 않고 살 확률이 훨씬 더 높기 때문이다. 독사에 물렸을 때 실제로 독이 주입될 확률은 절반도 되지 않고, 독사라고 생각한 뱀이 독사가 아닌 경우도 많아서 어떤 치료를 하든 생존 가능성이 매우 크다. 하지만 살아남은 지구인들은 자신의 행동이 독사에게 물렸을 때 효과가 좋다고 소문을 낸 것. 그렇다면 "독사에 물렸을 때 외계인을 좋아하는 사람은 산다."라는 미신을 만들어 퍼뜨리는 것은 어떨까? 적어도 뱀에 물린 지구인들은 외계인을 좋아하게 될 것이다.

2

불행을 전하는 행운의 편지

매일 새로워지는 지구 초등학생들의 놀이

써니를 야구장에서 만난 후부터 준은 라쿤즈의 팬이 되었다. 학교에 갈 때도 라쿤즈 모자를 쓰고, 라쿤즈 티셔츠를 입었다. 라쿤즈 경기가 있은 다음 날이면 써니와 함께 한참 동안 야구 이야기를 나누었다. 억지로 만들려고 애썼던 '우연'이 우연히 찾아온 덕분에 준은 써니와 훨씬 더 친해졌다.

"이거야말로 운명이야. 이제 때가 되었어!"

생선파 형들이 말한 대로 감동적인 편지를 써서 써니의 마음을 사로잡아야 한다. 준은 문구점에 가서 편지지를 샀다. 편지지에도 마음이 담뿍 담기도록 분홍색 하트 무늬와 보라색 꽃무늬로 골랐다. 쑥스러우면서도 마음이 설레었다.

"이럴 줄 알았으면 글짓기 연습을 열심히 할걸. 책도 좀 많이 읽을걸."

준은 사랑을 앞에 두고 처음으로 글짓기와 독서의 중요성을 느꼈다. 준은 겨우 완성한 고백 편지를 날마다 학교에 가져갔다. 다른 친구들 몰래 살짝 편지를 전할 생각이었다. 민재같이 용감한 애들은 친구들 앞에서 고백을 하지만 준은 왠지 부끄러웠다.

기회는 좀처럼 찾아오지 않았다. 써니는 늘 친구들에게 둘러싸여 있었다. 학교에서는 친한 여자 친구들과 함께였고, 집에 갈 때는 아싸와 루나가 옆에 있었다.

준은 하루에도 몇 번씩 편지를 넣었다 뺐다 했다. 그 바람에 편지 봉투는 나달나달 구겨지고 말았다. 구겨진 편지만큼 준의 마음에도 흠집이 났다.

"봉투라도 새 걸로 바꿔야지."

준은 자기가 쓴 편지를 꺼냈다. 그런데 이게 뭐지? 가방 안에 분홍색 편지 봉투가 하나 더 들어 있었다. 준의 심장이 세차게 뛰었다.

준은 함박 미소를 지으며 분홍 편지를 꺼냈다.

봉투 입구는 꽉 붙어 있었다. 준은 봉투가 찢어지지 않게 살살 입구를 열었다. 콩닥콩닥, 누굴까? 콩닥콩닥, 써니는 아니겠지? 콩닥콩닥, 나를 지켜보던 애가 있었나?

특별히 떠오르는 사람은 없었다. 하지만 준이 써니에게 그러는 것처럼, 말도 못 꺼내고 준의 주위를 빙빙 도는 애가 없으란 법도 없었다.

말로만 듣던 행운의 편지였다. '행운의 편지'는 행운을 기원하는 편지가 아니다. 다른 사람에게 똑같은 편지를 보내지 않으면 불행해질 거라는 무시무시한 협박 편지다. 행운의 편지가 언제 어디서 시작되었는지, 행운의 편지가 시키는 대로 하지 않으면 진짜 귀신이 나타나는지, 아무도 몰랐다. 하지만 반 친구들 대부분은 행운의 편지를 믿었다.

"나, 결혼도 못 하고 귀신한테 쫓겨 다니면 어떡하지?"

준은 행운의 편지를 믿지 않았다. 그렇다고 완전히 안 믿지도 않았다. 행운의 편지는 곰곰이 따져 보면 가짜이지만 싹 무시해 버리기는 또 찜찜했다.

준은 발을 동동 굴렀다. 아무리 생각해도 방법은 하나였다. 그냥 행운의 편지가 시키는 대로 하는 것! 자신에게 온 불행을 다른 사람에게 던져 버리는 것뿐이었다.

"누구한테 보내지?"

순간 떠오르는 한 사람. 준은 무엇에 홀린 듯 행운의 편지를 줄줄 베껴 썼다.

다음 날, 준은 스파이처럼 민첩하고 조심스럽게 편지를 전달했다. 한 통은 받은 것도 없이 얄미운 아싸에게, 한 통은 운명의 상대가 되고 싶은 써니에게…….

신경 쓰이던 편지를 다 전달하고 나니 준은 속이 다 후련했다. 이제 써니가 편지를 읽고, 어떤 반응을 하는지만 지켜보면 된다.

써니는 금세 편지를 발견했다. 친구들이 다 있는 데서 편지 봉투를 북북 찢고 편지를 꺼냈다. 준은 써니가 편지를 읽는 짧은 시간이 무척 길게 느껴졌다. 써니의 표정을 힐끔거려 봐도 도무지 알 수가 없었다. 좋은지, 싫은지…….

써니야, 행운의 편지가 하라는 대로 할 거야? 안 그러면 귀신 보인다며.
귀신은 무서운데….
흠
안 보낼래. 난 행운의 편지 안 믿어.
북
북
그래도 혹시 모르니까 그냥 시키는 대로 해. 별로 어려운 것도 아닌데….
부르르
네가 보냈니, 이 편지?
아니야. 너한테는 안 보냈어.
찌릿
준아, 네가 보냈어?
아니야, 절대 아니야.
크아앙

거절.
아니야, 너 아니라고.
드륵
헉
무슨 편지야?
오~, 핑크색인데? 고백 편지?
행운의 편지겠지!
후 다 닥
아니거든. 아니라고!
아닌 게 아니라….
정말 아니라니까!
헙
망했다. 써니는 내가 행운의 편지를 보냈다고 생각할 거야….
행운의 편지가 아니라 불행의 편지야. 나 원래 그런 거 안 믿었는데…, 힝.
헉
헉

그날 오후, 루나의 집 우편함에 한 통의 편지가 꽂혀 있었다. 루나가 이해할 수 없는 황당한 내용의 편지였다.

'이 편지는 영국에서 처음 시작된 행운의 편지로…
이 편지를 똑같이 옮겨 써서 한 명 이상의 친구에게
보내면 행운이… 보내지 않으면 귀신이 보이고….'

"지구인의 이성이 얼마나 낮은지 알 수 있는 증거다."

합리적인 루나는 근거가 없는 행운도, 귀신도, 행운의 편지도 믿지 않는다. 루나는 거리낌 없이 편지를 구겨서 버렸다.

라후드는 냉큼 편지를 주워서 분석했다.

"루나에게는 소용없는 편지다. 루나는 행운의 편지가 시키는 대로 할 수 없다."

"당연함. 이성적인 아우린은 그렇게 어리석은 짓 안 함."

루나는 당당하게 말했다.

보고서 46

지구인은 스스로 행운을 만들어 낸다

2019년 12월 9일 아우레 7386년 1월 36일 작성자: 아싸

지구 사건 개요

* 지구인들은 누군가를 좋아하는 마음을 드러내어 표현하고 싶어 함. 짝사랑하는 상대를 계속 쫓아다니기도 하고, 자신의 마음을 글로 써서 전달하기도 함. 그냥 말로 하면 될 일도 각종 사건을 만들어 부자연스럽게 티를 내려고 함.
* 지구 어린이들의 이번 유행 놀이는 '행운의 편지'. 제목은 행운의 편지이지만, 사실상 불행의 편지에 가까움. 왜냐하면 편지에서 시키는 행동을 하지 않으면, 불운할 것이라고 경고하는 놀이이기 때문.
* 지구인들은 이 편지의 내용을 믿지는 않지만, 왠지 안 하면 불행이 닥칠까 봐 두려워서 편지의 내용을 그대로 옮김. 한 통의 편지는 한 명 이상에게 전달되고, 이 때문에 편지의 수가 점점 늘어 결국엔 모두가 불행해지는 이상한 놀이임.

지구인을 불행하게 만드는 행운의 편지

- 행운의 편지의 정확한 기원은 밝혀지지 않음. 우체국에서 우표를 더 많이 팔기 위해 이런 편지를 꾸며 냈다는 설도 있고, 일자리를 잃을까 두려워한 우편집배원의 소행이라는 말도 있음. 시작이 어떻든 간에, 이 편지는 곧 지구에서 가장 유명한 편지가 됨. 편지를 받은 이들이 정말로 행운의 편지를 다음 친구들에게 전달했기 때문!
- 현재 지구에서는 직접 우표를 붙여 보내는 편지보다 모바일 통신을 이용한 SNS와 문자 등이 훨씬 일반적이기 때문에, 위의 이유라면 행운의 편지는 사라져야 하나, 지금까지도 지구의 많은 초등학생들이 행운의 편지 놀이에 빠져 있다고 함. 어떤 행운의 편지는 죽음에 이르는 매우 불행한 일을 예언하고 있어, 이것을 받은 초등학생들이 편지를 보낸 친구와 절교하는 일까지 벌어짐.

- 편지를 베껴 쓴 준에게 이유를 물어보았음. 준은 가만히 있다가 큰 불행을 당하느니 불행이 오든 말든 편지를 쓰는 것이 낫다고 생각했다 함. 즉, 불행이 있는데 없다고 생각해서 아무것도 하지 않고 있다가 불행한 일을 당하느니, 없어도 있다고 생각해서 미리 차단하는 쪽을 선택한 것.

- 막대기를 보고 '뱀일지도 몰라.'라고 생각하고, 외투를 보고 '귀신일지도 몰라.'라고 착각하는 지구인들은 분명 겁쟁이들임. 하지만 실제로 뱀이 나타났을 때를 준비하고 있던 겁쟁이 지구인들은 뱀을 피할 확률이 더 높았고, 오늘날까지 살아남을 수 있었음. 결국 지구인의 겁쟁이 유전자는 후손들에게 전해져 지금의 겁 많은 지구인들로 이어짐.

행운을 만드는 지구인만의 특별한 방법들

- 지구인들은 행운을 무척 좋아함. 행운의 색, 행운의 숫자 같은 것을 지정하고, 행운의 상징을 찾아 몸에 지니기도 함. 그중 하나가 네잎클로버. 보통 세 개의 잎을 가지는 클로버라는 식물은 가끔 잎이 네 개가 나기도 하는데, 여기에 각종 의미를 부여해 행운을 불러온다고 한 것. 그러나 현재 지구에서는 클로버의 종자를 개량해 자유자재로 네잎클로버를 만들어 낼 수 있음. 인위적으로 행운을 만드는 지구인들임.
- 지구의 스포츠 선수들은 이러한 행운 조건을 매우 중요하게 생각함. 앞서 말한 대로, 하지 않아서 경기가 잘 풀리지 않는 것보다, 일단 한 뒤에 경기가 잘 풀릴 것을 기대하는 것. 자신이 만든 행운 조건을 따르는 일이 그다지 어렵지 않기 때문에, 경기가 잘 풀렸던 날에 있었던 수많은 조건들을 기억해 미신 행동으로 패턴화함.

- 준과 써니가 좋아하는 야구 선수들 중에는 이러한 행운 조건을 가진 지구인이 많음. 타자와 투수, 야수 중에서 특히 타자의 미신 행동이 가장 많다고 함. 지구인들의 분석 결과에 따르면 타자의 성공 확률이 가장 낮기 때문으로, 타율이 높은 선수들도 10번 중 3번 공을 잘 치기가 힘듦. 이 때문에 선수들의 불안감이 높고 안타를 치고 싶다는 간절한 마음이 미신이라는 엉뚱한 인과 관계를 만든 것.

지구인 야구 선수들의 미신 행동

지구인 야구 선수들은 행운을 만들기 위해 별 희한한 행동을 다 한다. 이 행동들 중 야구 선수들이 실제로 하는 미신 행동이 아닌 것을 한번 찾아 봐라.

* 경기 전 로커 룸에서 팀 동료들을 원형으로 세우고, 그 가운데 들어가서 춤추기
* 장갑에 '王(왕)'이라고 글자 새기기
* 배팅 순서가 되면 손에 오줌을 싸고, 장갑을 끼지 않은 채 공 치기
* 양말은 늘 왼쪽부터 신고, 야구장에서는 항상 오른발부터 땅에 닿기
* 홈런을 친 날에는 꼭 유니폼을 빨아 입고 자기
* 경기 시작 딱 15분 전에 특정 회사의 카페인 음료 마시기
* 양말을 두 짝씩 포개어 신기
* 노란색 팬티를 입고 수염을 깎지 않기
* 시계를 33분 빨리 맞추고, 33번 유니폼을 입고, 3일 3시 33분에 결혼하기

똑똑한 아우린이라면 바로 정답을 알아차렸겠지만, 이것들은 모두 지구의 야구 선수들 중 누군가는 하고 있는 미신 행동이다. 물론 미신 행동을 전혀 하지 않는 선수들도 많다고 한다.

3

징크스가 뭐길래

시험을 잘 보기 위한 지구인들의 각종 노력

기말고사 시험 전날, 유니는 경건한 마음으로 필통을 열었다. 마지막 시험공부는 빨간 샤프로 해야 한다. 시험도 물론 그 샤프로 치러야 한다. 그것이 유니의 시험 징크스였다.

그런데 필통에 고이 모셔 둔 빨간 샤프가 보이지 않았다. 유니는 깜짝 놀라 책상 위도 책상 아래도, 서랍까지 모두 뒤졌지만 빨간 샤프는 없었다.

"써니야, 너 내 샤프 썼어?"

"아니, 나도 샤프 많아."

유니에게 빨간 샤프는 그냥 평범한 샤프가 아니었다. 시험을 잘 보게 해 주는 행운의 샤프였다. 중학교 입학 기념으로 의대에 다니는 사촌 언니가 선물해 준 거였다.

중학교 첫 시험을 앞두고 유니는 혹시나 하는 마음에 그 빨간 샤프로 시험공부를 했다. 시험도 빨간 샤프로 봤다. 모르는 문제도 빨간 샤프를 굴려 찍었다.

시험 점수가 나온 날 유니는 깜짝 놀랐다. 빨간 샤프로 찍은 문제가 거의 다 맞았다.

유니는 빨간 샤프를 보며 고개를 갸우뚱거렸다.

'공부 잘하는 언니의 기운이 깃들었나?'

유니는 다음 시험 때도 빨간 샤프를 썼다. 역시나 샤프의 행운 덕분에 1교시 한국사 시험을 엄청 잘 봤다. 원래 좋아하던 과목이기도 했지만 빨간 샤프 덕분에 다 맞은 것 같았다.

"2교시 수학 시험도 잘 부탁해."

그런데 빨간 샤프의 행운이 가장 힘을 발휘해야 하는 수학 시험 중간에 유니는 샤프를 떨어뜨리고 말았다. 또르르 또르르, 샤프는 한참을 굴러갔다.

'어떡해. 행운의 빨간 샤프가 없으면 시험을 망칠 텐데…….'

유니는 샤프를 주우려고 팔을 슬쩍 옆으로 뻗었다. 그 순간 시험 감독 선생님이 무서운 눈길로 유니를 쳐다보았다. 유니는 얼른 자세를 고쳐 바르게 앉았다. 심장이 쿵쾅쿵쾅 크게 뛰었다.

유니는 덜컥 겁이 났다. 손이 떨리고 머릿속이 하얘졌다. 시험 문제는 하나도 머리에 들어오지 않았다.

결국 유니는 수학 시험을 완전히 망쳤다.

그날 이후 유니는 빨간 샤프가 시험을 잘 보게 해 준다고 철석같이 믿었다. 시험 기간에는 시험공부보다 빨간 샤프에 더 신경을 썼다. 그런 행운의 샤프가 하필이면 시험 전날 사라지다니!

유니는 온 집 안을 돌아다니며 빨간 샤프를 찾았다.

"내 빨간 샤프 본 사람? 그거 없으면, 나 내일 시험 망쳐요."

12:30
꾸벅
툭
헉!
내 샤프….
어?
달칵
으아악!
도둑이야?
바퀴벌레?
빨간 샤프가 고장 났어.
이게 다 아빠 때문이에요.
울먹
울먹
내가 왜…?
아빠가 내 샤프 써서
고장 났잖아요.
내일 시험은 망했어.
어떡해.
으앙

빨간 샤프와 시험 성적은 상관이 없다. 문제는 유니가 빨간 샤프의 힘을 굳게 믿는 것!

"유니야, 아빠가 빨간 샤프 고쳐 줄게. 걱정하지 마, 응?"

금 사장은 빨간 샤프를 뜯어보았다. 하지만 만지는 것마다 고장 내기 일쑤인 금 사장에게 샤프는 너무 작고 섬세했다.

"어휴, 왜 이렇게 안 되냐? 작아서 잘 보이지도 않고."

금 사장은 한숨을 푹푹 내쉬었다. 지켜보던 줍줍이 말했다.

"바바 영감님이 뭐든 잘 고치시던데……. 그 영감님 손은 금손이야, 금손."

금 사장은 당장 옆집으로 달려갔다. 급한 마음에 찾아가기는 했는데, 너무 늦은 시각이라 선뜻 벨을 누르지 못했다. 금 사장은 고개를 쭉 빼고 안을 살폈다. 다행히 불이 켜져 있었다.

침입자 발생.
금 사장이다. 2층으로 올라오지 않게 당장 출동해.
크허
옆집 지구인들의 침입 중 32.7%가 바바 때문.
지둥
허둥
나갑니다, 나가요.
바바 영감님, 이 샤프 좀 고쳐 주세요. 유니는 이 샤프가 없으면 시험을 망친대요.
샤프에 기억 저장 장치가 들어 있나요?
하하, 영감님은 농담도 잘하셔. 샤프와 시험이 무슨 관계가 있겠어요. 그저 시험 징크스라니 들어주는 거죠.

그런 근거 없는 미신을 믿나요?
음…, 어떤 때 보면 징크스가 맞기도 해요. 저도 계약서에 사인하기 전에 먼저 축하 파티를 하면 꼭 계약이 깨지는 징크스가 있거든요.
계약서에 사인하기 전까지는 계약한 상태가 아니니 당연히 깨질 수 있지요.
듣고 보니 그렇네요. 하지만 징크스를 안 지키면 불안하잖아요. 그러니까 이 샤프 꼭 고쳐 주세요, 네?
당연히 고칩니다.
빨리 고쳐서 빨리 돌려보낸다.
고맙습니다, 영감님. 유니가 시험을 잘 보면 다 영감님 덕분이에요.
아니요. 유니의 시험과 저는 아무 관계가 없습니다.

시험 날 아침, 수지네 집에서도 난리가 났다. 하필이면 늦잠을 자고 말았다.

"으악! 늦었어, 늦었어. 왜 안 깨웠어?"

학교 가기도 빠듯한 시간에 수지는 갑자기 머리를 감았다. 수지의 엄마는 딸을 재촉했다.

"늦었으니까 그냥 가. 시험 날 지각할래?"

"안 돼. 머리 안 감고 시험 보면 시험 망친다고."

시험 날 아침에 머리 감기는 수지의 시험 징크스 중 하나였다. 머리를 안 감고 시험을 보면 공부한 것이 다 각질에 덮여 버리는 것 같았다.

"아악, 손톱 부러졌어. 어떡해!"

머리를 감던 수지가 또 소리를 질렀다. 수지는 시험을 보기 전에 손톱을 깎으면 안 된다는 징크스도 있었다. 손톱이 부러진 것도 손톱을 깎은 것과 비슷하니까 이번 시험은 망쳤다.

"나, 학교 안 가. 시험 안 볼래. 보나 마나 망했어."

"일부러 깎은 게 아니라 부러진 거니까 괜찮을 거야."

아빠가 위로했지만, 수지는 찜찜한 기분으로 학교에 왔다. 평소에도 예민했지만 시험 징크스 때문에 조심하느라 더 예민해졌다.

그때 복도에서 수지를 부르는 목소리가 들렸다.

수지야~, 왜 이렇게 늦었어?
으아아
턱
끄억!
비틀
콰
야! 시험 날 신발 밟히면 점수도 밟히는 거 몰라?
버럭
어머, 미안해. 실수였어.
안절
부절
몰라. 나 시험 못 보면 다 네 탓이야.
어휴, 한동안 시달리게 생겼네.

징크스 없음
내 빨간 샤프가 무사해. 오늘 시험은 왠지 잘 볼 것 같아!
Zzz
빨간 샤프로 시험 보기
간절
간절
징크스 없음
시험 날 샤워 안 하기
속옷 안 갈아입기

친구 지우개
빌리기
나
지우개 좀
빌려주라.
머리 감고
손톱 안 자르기
아침 등굣길,
신호등 빨간불에
안 걸리기
벅벅
머리 안 감기
(평소에도 잘 안 감음)
시험 전날
짜장면 먹기

시험이 끝나자마자 수지는 책상에 얼굴을 묻었다. 서연이가 조심스럽게 물었다.

"수지야, 시험 잘 봤어?"

수지는 고개를 번쩍 들었다. 사나운 눈초리로 서연이를 쳐다보며 와다다다 원망 섞인 말을 쏟아 냈다.

"잘 봤겠니? 너 때문에 망쳤잖아. 네가 신발을 밟는 바람에 신경 쓰여서 답안을 하나씩 밀려 썼단 말이야!"

수지의 성격을 잘 아는 서연이는 다시 한 번 사과했다.

"미안해, 수지야. 정말 실수였어. 알지? 응?"

"미안하다면 다야? 내 성적 안 나오면 다 네 책임이야!"

서연이는 얼굴이 점점 벌게지더니 결국 폭발했다.

진짜 화났다! 서연이까지 절교해 버리면 나는….
쾅
서연아, 미안!
탁
그렇다고 혼자 가냐? 떡볶이 사 줄게, 같이 가자. 내가 너무 예민했어.
헥
헥
어?
내가 뭐… 떡볶이에 넘어가는 그런 앤 줄 알아? 순대도 사 줘야 넘어가.
그래그래, 알았어. 너 좋아하는 매워랑 떡볶이집 갈까?

보고서 47

지구의 달에는 토끼가 산다

2019년 12월 10일 아우레 7386년 1월 41일 작성자: 바바

지구 사건 개요

* 지구인들은 가장 중요하다고 생각하는 일들에 각종 패턴 행동을 만들기 일쑤. 이것을 징크스라고 부름. 학생인 유니와 친구들의 징크스는 대부분 시험 상황에 집중되어 있음.
* 이러한 징크스의 위력은 지구인들이 중요하게 여기는 이웃 간의 예의도 무시할 정도. 옆집의 금 사장은 유니가 시험공부를 할 때 사용해야 하는 샤프를 고쳐 달라고 부탁하기 위해 아우린 본부를 찾아옴. 대부분의 지구인들이 잠을 자는 밤 12시였음.
* 지구인들이 징크스를 이렇게 대단하게 생각한다면, 아우린 본부를 아무 때나 찾아오면 안 좋은 일이 생길 수 있다는 미신을 만들어 퍼뜨리는 것도 생각해 볼 만함.

지구인은 패턴 찾기의 달인이다

- 샤프에 대한 유니의 미신 행동은 지구인의 패턴 찾기 사고와 관련이 있음. 부스럭거리는 소리가 들린 후 무서운 짐승이 나타난다면, '부스럭거림 → 짐승 → 피해야 한다!'라는 패턴을 만들 수 있음. 이렇게 찾은 패턴 중에는 합리적이고 도움이 되는 패턴도 있지만, 서로 연관이 없는 이상한 패턴들도 많음.
- 그 예가 바로 유니의 빨간 샤프. 빨간 샤프로 찍은 문제가 거의 다 맞는 경험을 하자, 유니의 머릿속에서는 '빨간 샤프 → 모르는 문제도 맞힐 수 있다!'라는 패턴이 생김. 조금만 더 생각해 봤다면 자신의 노력이나 운 때문에 시험을 잘 봤다는 걸 알 수 있었을 텐데, 유니의 낮은 이성은 모든 원인을 빨간 샤프에게 돌림.

- 지구인의 패턴 찾기 능력은 예상치 못한 순간에도 종종 나타남. 달 표면에서 토끼 패턴을 발견해 “달에서는 토끼가 절구를 찧는다.”라고 말하거나 자연적으로 형성된 모양에서 얼굴 패턴을 찾아내기도 함.

©Luc Viatour / Wikimedia Commons ©Viking 1, NASA / Wikimedia Commons

- 지구인 뇌의 전대상피질에서는 도파민이라 불리는 신경전달물질을 분비함. 바로 이 도파민이 지구인들로 하여금 끊임없이 패턴을 찾도록 도와줌. 만약 패턴을 만드는 상황에서 유니의 뇌가 도파민을 그렇게 많이 분비하지 않았다면, 유니는 빨간 샤프가 시험을 잘 보게 해 준다는 생각은 하지 않았을 것임. 하지만 이 경우 패턴을 만드는 과정을 원활히 하지 못하게 되어, 일상생활에서 어려움을 겪었을 수도 있음. 예를 들면, 풀과 뱀, 수초와 물고기를 구별하지 못하게 되는 것.
- 반대로 유니의 도파민 분비가 지나쳤다면 아무 곳에서나 패턴을 발견해서 주위의 모든 사물을 시험과 연관 지었을 것임. 아우린 눈에는 둘 다 이상한 상황이지만, 위험도를 따졌을 때는 도파민 분비가 적은 것이 많은 것보다 확실히 더 위험해 보임.

불행을 막기 위한 지구인들의 노력

- 징크스는 '불행', '불운'이라는 뜻으로, 이것을 하면 일이 잘 안 풀린다는 의미가 있음. 지구인들은 행운을 스스로 창조해 내는 것으로 모자라 아무 관련 없는 것에서 불행을 찾아내 피하려고 함.
- 이렇게 징크스를 만드는 이유는 불안하기 때문. 행운을 만들어 내는 이유와 같음. 스포츠 경기, 발표하기, 시험 보기 같은 긴장되는 순간일수록 지구인들은 나쁜 일이 생길까 봐 걱정하고, 무엇에라도 기대기 위해 징크스를 만들어 냄.
- 개인적인 징크스는 지구인의 감정 때문에 만들어지기도 함. 머리를 안 감은 날 시험을 망쳤을 때, 뇌에서는 부정적인 감정을 일으키는 호르몬이 분비됨. 이 일이 반복되면 뇌가 그 감정을 기억해서 시험 날 머리를 안 감으면 왠지 불안하고 찜찜해지는 것. 이럴 때 머리를 감으면 부정적인 감정을 떨칠 수 있음.
- 징크스를 만들고 그것을 피하는 행위를 통해 지구인들은 심리적 안정을 유지함. 시험 날 미역국을 먹지 않는 것처럼, 사소한 행위를 하지 않음으로써 시험에 대한 부담감을 줄이고 컨디션을 좋게 유지하는 것. 작은 행동으로 마음을 조절할 수 있다는 건 꽤 효율적으로 보이지만, 반대로 징크스 때문에 기분이 굉장히 나빠질 수도 있음.

야구팀에 내린 염소의 저주

관객으로 염소를 받아 주지 않아 저주에 걸렸다는 미국의 야구팀, 시카고 컵스는 이후 71년간 월드 시리즈에서 우승하지 못했다. 팬들은 '염소 때문에 시합에 졌다.' 고 믿었다는데, 실력 부족과 구단의 운영 미숙을 미신의 탓으로 돌린 듯하다. 염소의 저주를 풀기 위해 염소의 후손을 필드 안에 들어오게 하는 등 미신을 미신으로 풀려는 우스꽝스러운 모습을 보이기도 했다.

염소를 못 들어가게 한 너희들, 저주를 내릴 테다!

©Billy Goat Tavern

4

빨간 이름, 까만 이름

지구인을 제거하는 새로운 방법

징글징글한 기말고사가 끝났다.

유니의 시험 결과는 그저 그랬다. 금 사장이 한밤중에, 실례를 무릅쓰고 고쳐다 준 빨간 샤프는 힘을 발휘하지 못했다. 모르는 문제는 당연히 틀렸고, 찍은 문제도 거의 다 틀렸다. 유니는 몹시 실망했다.

"한 번 고장 나더니 샤프의 행운이 사라졌나?"

유니는 빨간 샤프를 책상 위에 아무렇게나 올려놓고 도서실로 향했다.

나란히 앉아 있는 수현과 해진은 참 잘 어울렸다. 유니는 속이 좀 쓰렸지만 애써 웃었다.

"퀴즈 쿠키 뽑을래? 과자 속 종이에 답을 적어서 내면 돼. 답을 맞히면 선물도 줘."

해진이 한쪽에 쌓인 선물들을 가리키며 말했다. 해진의 말이 끝나자마자 수현이 쿠키 단지를 쓱 내밀었다. 손발이 아주 착착 맞았다.

유니는 빨간색으로 사람 이름을 써 본 적이 없었다. 유니의 이름은 물론이고 식구들의 이름, 친구의 이름, 모르는 사람의 이름도 빨간색으로 쓰지 않았다. '빨간색으로 이름을 쓰면 그 사람이 죽는다'는 미신 때문이었다. 물론 유니는 이런 미신을 무조건 믿지는 않았다. 하지만 완전히 무시하지도 못했다.

"왜? 내 펜은 싫어?"

"아니, 좋아. 펜이 아주 예쁘네. 예쁜 빨간색이네."

유니는 아무렇지 않은 척 수현의 펜을 받았다. 정말 빨간색으로 사람 이름을 써도 될까? 유니의 심장이 두근두근 세차게 뛰며 물었다.

퀴즈 정답 선물은 쌀과자였다. 그나마 할머니가 좋아하는 과자이긴 했다. 하지만 유니는 과자 봉지를 안고 집에 오는 내내 마음이 꺼림칙했다.

'퀴즈 쿠키, 괜히 했어. 이깟 쌀과자, 그냥 내가 사 드릴걸.'

유니는 집에 오자마자 할머니께 과자 봉지를 내밀었다.

"아이고, 할머니 주려고 사 왔어? 고맙다, 고마워."

유니는 할머니에게 더 미안해졌다.

"할머니 어디 아픈 데 없죠? 오래오래 살아야 해요~."

"그럼, 할머니는 우리 유니 할머니 될 때까지 살지도 몰라. 생명선이 아주 길거든."

할머니, 내 손금 좀 봐. 엄청 짧은데? 난 그럼 빨리 죽어요?
무슨 큰일 날 소리.
이건 그냥 미신이야. 재미로 보는 거지, 아무 의미 없어.
그래도 찜찜해.
긁적
내가 운명을 만들면 되지! 헤헤.
슥
슥
나 이제 100살도 넘게 산다~.
짜
자
잔
아이고, 잘했다~. 우리 써니 똑똑하네~.
앗, 그런 방법이….

다음 날, 갑자기 줍줍 여사가 아팠다. 유니가 학교에 가고 없는 사이에 병원에 입원까지 했다. 유니는 집에 오는 길에 이 소식을 듣고 깜짝 놀랐다.

"설마, 나 때문이야? 내가 빨간색으로 할머니 이름을 써서 아픈 거야? 할머니, 내가 잘못했어. 죽으면 안 돼."

유니는 왈칵 눈물을 쏟았다. 수현에게 잘 보이려고 할머니 이름을 빨간색 펜으로 쓴 것이 후회돼 미칠 것 같았다.

유니는 위니 미용실로 달려갔다. 엄마는 할머니를 모시고 병원에 가고 없었다.

"오로라 아주머니, 우리 할머니 어느 병원에 입원했어요?"

"명의대 대학 병원."

유니는 오로라의 말이 끝나기도 전에 울음을 터뜨렸다.

"우리 할머니, 죽지는 않겠죠?"

"그걸 왜 나에게 묻지? 할머니나 병원에 물어라."

"엉엉. 우리 할머니 죽으면 다 내 탓이에요. 내가 빨간색으로 할머니 이름을 써서 할머니가 돌아가실지도 몰라요."

큰 소리로 우는 어린 지구인을 달래지 않으면 외계인 소리를 듣는다.

오로라는 유니의 걱정을 덜어 주기 위해 빨간색으로 이름을 쓰는 것과 지구인 수명의 상관관계를 계산했다.

"유니야, 빨간색 이름과 지구인의 수명은 전혀 관계없다. 할머니가 죽을 확률은 매우 낮다. 단순 장염이니까."

"장염이라고요? 아악, 저 때문이에요. 제가 가져온 재수 없는 과자를 먹고 장염에 걸린 거예요. 우리 할머니 돌아가시면 어떡해요. 엉엉엉."

오로라는 줍줍의 질병이 사망까지 이어질 수 있는 확률을 계산해 보았다.

"유니야, 단순 장염을 치료할 항생제는 지구에 충분하다. 할머니는 안 죽는다."

"그렇겠죠? 할머니의 손금에서 생명선이 길다고 해서 안심했는데, 갑자기 아프실 줄 몰랐어요."

오로라는 이번엔 지구인의 손금과 수명의 관계를 계산했다.

"유니야, 손금과 수명 사이에는 의미 있는 상관관계가 밝혀지지 않았다."

"네? 그럼 생명선이 길어도 우리 할머니가 빨리 돌아가신다고요?"

유니의 눈에 또다시 눈물이 그렁그렁 맺혔다.

역시 지구인과 이성적인 대화는 불가능했다. 오로라는 유니를 빨리 보내 버리려고 대충 맞장구를 쳤다.

줍줍 여사는 명의대 대학 병원 입원실에 누워 있었다. 환자복을 입고 링거 주사를 팔에 꽂은 채 힘없이 누운 할머니를 보자 유니는 또다시 울음이 쏟아졌다.

"할머니, 죽지 마. 내가 잘못했어요."

줍줍 여사는 어리둥절했다.

줍줍은 어깨를 들썩이며 흐느끼는 유니를 안고 토닥거렸다. 유니는 한참만에 마음을 가라앉히고 할머니에게 속삭였다.

"할머니, 미안해요."

"왜 네가 미안해. 할미가 뭘 잘못 먹었나 봐."

"아니야, 나 때문이야. 내가 할머니 이름을 빨간색으로 써서 할머니가 아픈 거야. 엉엉엉."

줍줍 여사는 놀라서 눈이 똥그래졌다.

"유니야, 할머니 말 잘 들어. 가서 빨간 사인펜하고 종이 좀 사 와라. 아주 빨갛고 두꺼운 펜으로 사 와."

뜬금없는 심부름에 유니는 깜짝 놀랐다. 더구나 할머니를 아프게 한 빨간 펜을? 그래도 할머니 심부름이라 유니는 군말 없이 나가서 빨간 사인펜과 종이를 사 왔다.

유니는 소름이 오싹 끼쳤다.

자기가 할머니 이름을 빨간색으로 쓴 것도 꺼림칙한데, 할머니까지 또 쓰면 어떡하라고!

"할머니, 왜 빨간색으로 이름을 써요? 하지 말아요. 또 아프면 어쩌려고요, 네?"

유니가 말렸지만 줍줍 여사는 말을 듣지 않았다. 줍줍 여사는 빨간색으로 자기 이름을 열 번이나 썼다.

"괜찮아. 이렇게 써도 할머니 안 죽어. 빨간색으로 이름 쓰면 죽는다는 거 다 미신이야. 할머니는 그런 거 안 믿어. 그러니까 유니 너도 걱정하지 마. 할머니가 아픈 건 네 탓이 아니야."

"어헝~. 그래도 미안해요, 할머니."

유니는 또 울음이 나왔다. 줍줍 여사는 유니를 꼭 안아 주었다. 너무 여려서 미신에 흔들리는 유니의 마음을 꼭 붙들어 주었다.

그날 밤 유니는 빨간 사인펜과 종이를 앞에 두고 앉았다.

후우, 유니는 숨을 깊이 들이마셨다.

'미신 때문에 못 했던 일들, 하나씩 다 해 볼 거야. 빨간색으로 이름 쓰기, 밤에 손톱 깎기, 밤에 휘파람 불기, 식탁 모서리에 앉기, 시험 날 아침에 미역국 먹기……. 다 해 보고 다시는 휘둘리지 않을 거야.'

괜찮아.
미신일 뿐이야.
금유니
금유니
금유니
언니, 12시에
운명의 상대 보는 의식,
다시 해 보자.
안 해. 내가
보는 눈이 있으면
좋은 상대를 고르겠지.
아님, 혼자 잘 살아도
좋고.
심각하게 왜 그래?
그냥 재미로
해 보자는데….
됐어.
이제 그런 거
재미없어.
단호

보고서 48

무작위적인 패턴에서 의미를 찾는 지구인들

2019년 12월 11일 아우레 7386년 1월 46일 작성자: 오로라

지구 사건 개요

* 지구인들은 자신의 운명과 미래에 매우 관심이 많음. 태어난 해, 달, 날짜, 시간을 기준으로 미래를 알 수 있다고 생각함. 78장으로 구성된 타로 카드를 뽑아서도 미래를 알 수 있다고 여김.
* 지구에는 다리를 떨면 복이 나간다, 밤에 휘파람을 불면 뱀이 나온다 등 금기에 관한 미신이 매우 많음. 밤 10시에 드라마를 보러 온 줍줍 옆에서 다리를 떨고 휘파람을 불자, 줍줍은 불길하다며 화를 내고 집으로 가 버렸음. 지구인을 쫓아내는 새로운 방법을 발견함.

지구인의 손금은 진화의 산물이다

- 지구인들은 손바닥에 있는 몇몇 선들을 통해 인생이 어떻게 흘러갈지 알 수 있다고 생각함. 가장 깊게 팬 주요 선 중 하나인 생명선이 길면 오래 산다고 여겨지지만 손금과 수명의 관계를 분석한 2019년 해부학자들의 논문에 따르면, 둘 사이에는 의미 있는 상관관계가 없었음. 손금은 유전적 성격이 강하며, 지구인의 운명을 설명해 주지는 못함.
- 손금은 지구인들이 수백만 년 전 두 발로 걷기 시작하면서 발달함. 자유로워진 손으로 많은 일을 하게 된 지구인 선조들이 두꺼운 피부 조직으로 이루어진 손바닥을 접었다 폈다 하면서 손금이 생겨난 것. 손금이 생기며 손을 더 편리하게 사용하게 되었고, 덕분에 뇌가 발달해서 더 똑똑해졌다고 함. 지구인이 이만큼이라도 문명을 이룬 생명체가 된 데는 손금도 기여한 바가 있었음.
- 지구인의 손금은 태아가 엄마 배 속에서 손을 어떻게 쥐고 있었느냐에 따라서도 다르게 만들어짐. 이걸로 미래의 운명을 예언할 수 있다는 건, 아무리 봐도 이상함.

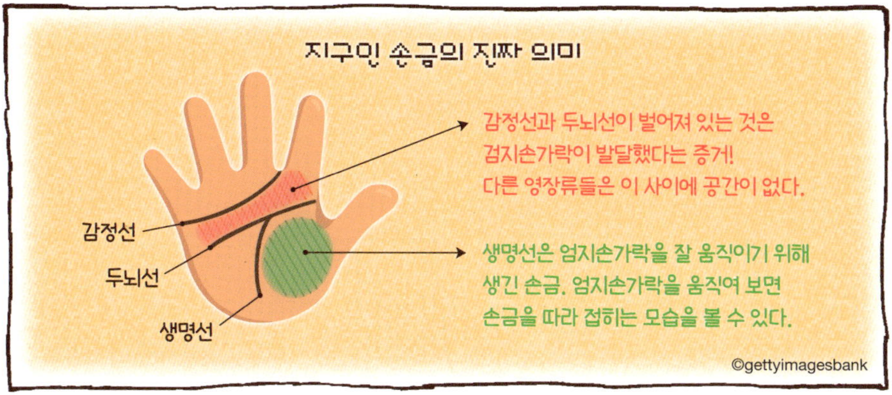

초월적 믿음을 가진 지구인은 따로 있다

- 모든 지구인이 같은 미신을 믿는 것은 아님. 아우린들이 살고 있는 한국에서는 빨간색으로 이름을 쓰는 것을 금기라고 생각하는 사람들이 많지만, 미국인들은 전혀 그렇게 생각하지 않음. 같은 한국인들 중에서도 서로 믿는 미신이 다를 수도 있고, 미신을 아예 믿지 않는 사람들도 있음.
- 지구인들도 미신이나 종교 같은 초자연적인 것을 믿는 사람과 믿지 않는 사람들 사이의 차이가 궁금했나 봄. 실제로 fMRI 장비를 이용해 이들의 뇌를 관찰해 보면, 초자연적인 존재를 믿는 지구인들과 믿지 않는 회의론자들의 뇌 활동은 분명한 차이를 보임. 지구인의 믿음도 뇌와 관련이 있었음.

초자연적인 것을 믿는 지구인들의 뇌 활동 실험

갑작스러운 해고, 연인과의 이별 같은 힘든 상황을 상상하게 한 다음, 전혀 관련 없는 물체의 사진을 보여 주자, 초자연적 힘을 믿는 사람들은 사진에서 자신의 현재 상황을 해결할 힌트를 얻은 반면, 회의론자들은 사진을 보고도 별다른 느낌을 받지 못했다.

- 지구인들에게 앞의 실험을 시키면 fMRI에서 오른쪽 아래전두이랑이 활성화되는 것을 관찰할 수 있음. 이곳은 생각을 조절하고 억제하는 영역으로, 같은 상황에서 회의론자들은 이 영역이 더 많이 활성화되며, 이들은 제시된 상황과 사진 사이에 논리적 관계가 없다고 판단함. 하지만 초자연적인 것을 믿는 지구인들은 이 부위의 활동이 비교적 적어서, 둘 사이에 비논리적인 연결 고리가 생기더라도 그 활동을 뇌가 막지 않는 것으로 보임.
- 토스트에서 신을 발견하고, 체리를 보고 관계를 생각하는 등 언뜻 관련 없어 보이는 패턴을 만들어 내는 지구인들은 특별한 패턴을 만들고 거기에 의미 부여하는 걸 좋아함.

지구인에게는 좋은 패턴을 알아보는 능력도 중요하다

- 아무 곳에서나 패턴을 찾고 무엇이 중요한 패턴인지 구별하지 못하는 것은 바람직하지 않지만, 새롭고 유용한 패턴을 찾는 것은 지구인에게 꼭 필요하고 좋은 일임. 다시 말해, 지구인에게는 패턴을 찾는 것뿐만 아니라 잘 분류하는 것도 중요함.
- 지구인의 뇌에는 패턴에 얼마나 의미를 부여할 것인지, 패턴이 적절한지 아닌지 판단하는 영역이 있음. 바로 전대상회피질과 전전두엽. 무차별적으로 생성되는 패턴을 골라내는 역할을 수행하는 곳임. 패턴을 잘 이용하는 사람들의 뇌는 이 두 영역이 매우 뛰어나서 포괄적으로 패턴을 찾아내면서도 무엇이 유용한 패턴인지 선별할 줄 아는 것으로 밝혀짐.

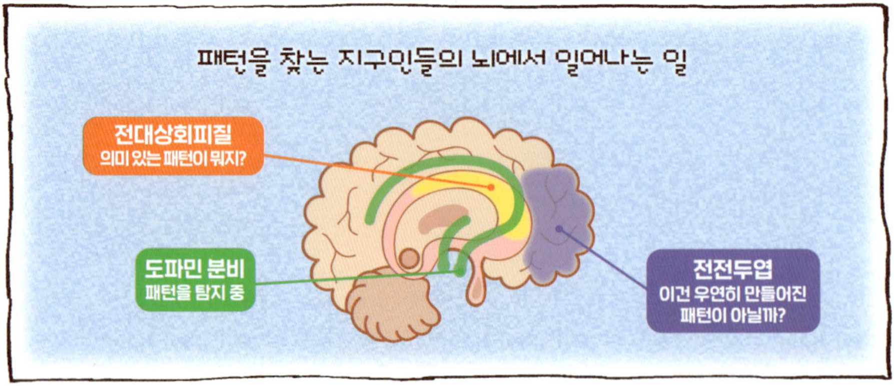

5

미신에 빠진 보스

지구인에게는 통제감이 중요하다

'보스 납치 사건.'

루이는 그날의 미스터리에서 벗어나지 못했다. 사기꾼들에게 납치된 보스를 용감하게 구출했다는데, 아무리 생각해도 결정적 장면들이 기억나지 않았다. 현장에 함께 있었던 라후드 씨와 이야기를 나눌 때는 뭔가 떠오르는 것 같은데, 다시 생각하면 아무 생각도 안 났다. 마치 그런 일이 일어나지도 않은 것 같았다.

'납치범에게 발차기를 하고, 보스를 업고 나왔나? 보스를 부축하고 나왔나? 아니, 아니야. 나란히 걸어서 나온……. 으, 기억이 안 나.'

루이는 그날의 기억을 떠올리고 싶어 미칠 지경이었다. 깨어 있을 때뿐 아니라 꿈속에서도 그날의 기억을 찾아 헤맸다.

"꿈에서 보스가 또 외계인으로 변했어. 또 너를 납치했다고. 무슨 계시인가? 보스가 진짜 외계인이라는?"

대호는 어이가 없었다. 대호는 초등학교 졸업과 동시에 외계인의 지구인 납치설을 믿지 않는다.

"형, 보스 할머니가 좀 외계인 같긴 해. 옷 입는 것도 웃기고, 엄청 특이해. 근데, 특이한 사람은 다 외계인이야? 그럼 라후드 아저씨도 외계인이게? 꿈에 그 아저씨는 안 나와?"

"라후드 씨는 평범한 아저씨잖아. 하지만 보스는……."

루이는 아무에게도 털어놓지 못한 비밀을 떠올렸다.

보스 납치 사건 다음 날이었다. 보스의 부하인 검은 양복이 편의점으로 찾아왔다.

"보스께서 그날 일, 감사하다고 하십니다."

검은 양복은 평소와 달리 깍듯하게 인사를 했다. 그리고 루이를 편의점 뒤편의 으슥한 장소로 데려가서는 검은 봉투를 내밀었다. 척 보기에도 상당히 두툼한 돈 봉투였다.

"당연히 해야 할 일을 한 것뿐인데……, 감사합니다."

루이는 넙죽 인사를 하고 검은 돈 봉투를 받았다.

"그리고 여기……."

검은 양복은 한 장의 서류를 내밀었다.

"아, 안 받을래요."

루이는 봉투를 도로 내밀었다.

"한 번 받은 봉투를 무를 수는 없습니다. 그냥 사인을 하시죠. 금액이 부족하면 더 드리겠습니다."

검은 양복은 검은 봉투를 하나 더 내밀었다. 루이는 고개를 도리도리 흔들었다. 검은 돈 봉투 하나도 겁나는데 두 개를 받으면 어떻게 될까? 생각만으로도 소름이 쫙 끼쳤다.

"그냥 사인할게요."

루이는 얌전히 사인을 했다. 서약서를 검은 양복에게 돌려주며 루이는 전부터 궁금했던 점을 물었다.

"저기… 보스 할머니는 유에프오 마니아이신가요? 저도 외계인에 관심이 많은데……."

검은 양복은 갑자기 루이의 입을 턱 막았다.

"보스께 유에프오 이야기는 꺼내지도 마세요. 외계인 이야기도 안 돼요. 제가 이런 말 한 것, 비밀입니다."

검은 양복은 황급히 돌아서 가 버렸다.

"보스는 수상해. 대호 너는 아무것도 몰라."

루이는 숨겨 왔던 말을 툭 내뱉었다. 순간 보스에 대한 의심이 확 깊어졌다. 루이는 보스의 정체를 밝히고 싶었다. 대호를 위해! 솔직히 말하면 루이 자신의 마음속에 솟아나는 호기심을 해결하기 위해!

루이는 서랍 깊숙이 숨겨 두었던 검은 봉투를 꺼내 보았다. 봉투는 여전히 두툼했다. 비밀 서약서가 무서워서 아직 한 푼도 쓰지 못했다.

탁. 루이는 봉투를 도로 내려놓고 서랍을 닫았다.

"보스의 정체를 밝히는 게 먼저야."

그날부터 루이는 시간이 날 때마다 유에프오 카페 주위를 서성거렸다. 슬쩍 지나가기도 하고, 몰래 숨어서 살펴보기도 했다. 라후드에게 할 말이 있다며 괜히 유에프오 카페를 들락거리기도 했다.

골똘히 생각하는 보스, 검은 양복과 윤박에게 비밀리에 뭔가 지시하는 보스, 눈을 가늘게 뜨고 먼 하늘을 바라보는 보스를 감시, 아니 관찰했다.

'고향 별을 그리워하나? 지구 어린이를 납치할 계획을 짜는 중인가? 아니면, 인간과 다른 감각으로 주위를 감시하고 있을까? 혹시 나를?'

문득 등 뒤에 따가운 시선이 느껴졌다. 루이는 뒤를 홱 돌아보았다. 분명 섬뜩하게 조여 오는 느낌을 받았는데 아무도 없었다. 루이는 보스를 볼 때마다 그런 수상한 느낌을 받았다.

"누구야? 나를 감시하는 자가! 혹시……, 외계인?"

보스는 사기꾼들에게 속았던 그날 이후 수상한 느낌에 사로잡혔다. 유에프오를 입수했다는 말은 가짜였다. 하지만 에일넷의 사진은? 사진이 진짜라면 어딘가 외계인이 있다!

보스는 문득 자신을 구해 준 오로라를 떠올렸다. 그 이상한 가족은 어떻게 알고 위험한 순간에 딱 맞춰 나타났을까? 오로라는 깜깜한 건물 안에서 어떻게 콩 박사를 제압했을까? 언뜻 본 몸놀림은 너무 재빨라 사람의 몸짓 같지 않았는데……. 하지만 사람이 아니면 뭐란 말인가!

휴, 보스는 유에프오 카페의 바닥이 꺼져라 한숨을 쉬다가 갑자기 홱 뒤를 돌아봤다.

"아유, 깜짝이야. 보스, 무섭게 왜 그러세요?"

다행히 감시자는 아니었다. 보스에게 다가오던 윤박이었다.

윤박은 최근 들어 지나치게 예민해진 보스를 걱정했다. 잠도 잘 못 자는 것 같고, 먹는 것도 시원치 않았다. 시럽 듬뿍 아이스커피 말고는 통 먹지 않았다. 윤박은 보스의 마음을 편하게 해 주기 위해 그날의 사기극을 적극적으로 알아보고 있었다.

"보스, 에일넷의 특별 회원들과 몰래 정보를 나눠 봤는데요, 유에프오 사진은 진짜예요. 콩박과 재수의 말은 거짓이었지만, 외계의 비행 물체가 지구에 온 것은 사실입니다."

윤박은 안달복달하는 보스의 불안을 덜어 주고 싶었다.

"보스, 타로점을 봐 드릴게요. 보스가 앞으로 외계인을 찾을 수 있는지 없는지요."

"타로 카드가 그걸 어떻게 알아?"

보스는 과학을 공부했다. 타로점의 그림 카드 따위가 보스의 미래를 점칠 수 없다는 것을 정확히 안다.

"그냥 재미로 보는 거죠. 좋은 카드가 나오면 마음이 편안해지거든요. 그렇게 부르르 떨며 서 계시지 말고 좀 앉으세요."

보스는 털썩 주저앉았다. 윤박은 카드를 차르르 펼쳤다. 보스는 윤박이 지시한 대로 카드를 뽑았다.

“보스는 외계인을 꼭 찾을 거예요. 이 카드는 목표한 것을 이루는 카드거든요. 이걸 가지고 있으면 행운이 따를 거예요.”

“쳇. 카드 따위가 뭘 알아?”

말은 그렇게 하면서도 보스는 자신이 뽑은 행운의 카드를 슬쩍 주머니에 넣었다. 보스는 미신을 믿지 않는다. 단지 기분이 좀 좋아지기를 바랐다. 사실은 이미 꽤 많이 좋아졌다.

라후드는 불안해졌다. 보스와 외계인 추적자들이, 외계인이 지구에 왔다는 사실을 알아낼 것만 같았다. 라후드는 타로점을 치는 윤박과 보스에게 다가갔다.

“맞아요. 카드 따위가 어떻게 외계인을 찾겠어요? 외계인이 얼마나 멀리 있는데요.”

"에이, 우연히 맞힐 수도 있잖아요. 안 그래요?"

윤박이 보스의 눈치를 보며 말했다. 하지만 라후드는 단호하게 고개를 저었다.

"아니요. 외계인은 웜홀을 통과하고도 한참 걸리는 아주 먼 우주에 있는데, 왜 지구까지 오겠어요?"

보스는 기분이 팍 상했다. 외계인을 만날 거라는 막연한 희망이라도 붙들고 싶었는데 라후드가 또 의심을 들쑤셨다.

"라후드 씨, 어떻게 그렇게 잘 알아요? 외계인이라도 돼요?"

그날 밤, 보스는 라후드의 말이 자꾸 생각나, 잠들지 못했다.

'외계인은 정말 지구에 안 왔을까? 난 정말 외계인을 만나지 못하는 걸까? 내 미래를 알 수 있다면 얼마나 좋을까?'

보스는 뜬눈으로 밤을 새웠다.

"좋아! 이번엔 확실히 알아보고 오겠어!"

다음 날, 보스는 출근하자마자 윤박과 검은 양복을 다그쳤다.

"바로 출동한다. 어서 준비해!"

"네? 어디로요?"

윤박과 검은 양복은 서둘러 보스의 뒤를 따라나섰다.

'어디로 출동?'

보스의 감시자 루나가 쥐도 새도 모르게 따라붙었다.

다 맞혀 점집
외계인이 지구에 올까요?
외…계인?
이티, 뭐 이런 거?
어디, 외계인이 오나 보자. 우주의 기운을…. 화성과 목성이….
짤 짤 짤
좌악
와! 외계인은 지구에 올 거야.
와요? 제게 와요? 제가 외계인을 만날 수 있어요?
벌떡
어디에 가면 만날 수 있죠?

음…, 북쪽?
북쪽이라면…. 북극?
더 가까운 데. 북쪽에 특별한 인연이 있는 장소 없어? 큰 돌도 있고 그런 곳.
아! 전파 천문대를 지으려고 가게 북쪽의 야산을 사 뒀어요. 돌로 만든 건물도 있고요.
흐음
그거 좋네. 거기에 그거를 지어. 전파… 뭐라는 그거. 그럼 네 소원이 이뤄져.
탁
보석산에 전파 천문대 공사 당장 시작해!
네?
깜짝
좋은 점괘, 고맙소.
턱

자, 잠깐!

부적을 붙이면
외계인을 더 빨리
만나는데….
좀 비싸.

그냥 마음의 위안을 좀
얻으시라는 거였는데,
지나치게 빠져 버렸네.
기다리고 있다,
외계인.
난 부적이
무서워.

그때, 손님이 왔음을 알리는 종소리가 들렸다. 오랜만에 카페에 방문한 정 박사였다. 정 박사는 카페 곳곳에 덕지덕지 붙은 부적을 보고 깜짝 놀랐다.

"이건… 미신 인테리어인가요?"

정 박사의 목소리를 듣자 보스는 비로소 정신이 번쩍 들었다. 과학적인 근거라고는 눈곱만큼도 없는 부적 따위에 의지하다니!

"보스는 미신을 믿나요? 부적이 소원을 이뤄 주거나 재앙을 쫓아 준다고 믿어요?"

정 박사는 진지하게 물었다.

과학자인 정 박사는 미신을 믿지 않았다. 아니, 미신을 믿지 않기 위해 늘 노력했다. 사람들은 옛날부터 믿었고, 다른 사람들도 믿는다는 이유로 쉽게 미신을 믿는다. 합리적인 근거가 없는데도 말이다.

하지만 과학자들은 이런 비이성적인 믿음을 경계한다. 정 박사가 그렇고, 정 박사에게 과학을 배울 때 보스도 그랬다.

정 박사의 말에 보스는 얼굴이 빨개졌다. 미신에 의존한 자신이 너무 부끄러웠다.

"그냥, 요즘 좀 불안해서……. 마음의 위안을 얻을까 해서요……. 저 그렇게 비이성적인 사람 아니에요."

보스는 벽에 붙은 부적을 와르르 떼어 내 쓰레기통에 우르르 쏟으며 변명했다. 정 박사는 불안해하는 보스를 위로했다.

"미래의 일은 아무도 몰라요. 그런데 나는 미래를 모르는 쪽이 더 행복하다고 생각해요. 보스도 언젠가 외계인을 만날 거라고 믿고, 계속 노력하면 어때요? 보스가 직접 우주선을 개발해서 외계인을 찾아 나서겠다고 했잖아요."

"정쌤 말이 맞아요. 미신에 혹하다니, 부끄러워요."

보스는 갑자기 검은 양복에게 소리쳤다.

"북쪽 야산, 팔아 버려. 점쟁이가 알긴 뭘 알아? 거긴 전파 망원경을 설치하기 좋지 않은 위치라서 안 지었던 거야."

마침 유에프오 카페를 지나가던 루이가 쓰레기통에 버려진 부적을 발견했다.

루나는 유에프오 카페에서 몰래 부적을 떼어 왔다.

"그냥 종이 아님. 외계인을 부르는 첨단 장치가 숨겨짐."

루나는 바바에게 부적 분석을 맡겼다.

"부적을 분석하다 다른 외계인을 불러들이면 어쩌지?"

다른 아우린들도 우르르 몰려와 함께 분석을 시작했다.

보고서 49

믿음은 지구인의 불안을 잠재워 준다

2019년 12월 12일 아우레 7386년 1월 51일 작성자: 루나

지구 사건 개요

* 루이의 이상 행동이 감지됨. 보스 카페 주변에서 자주 목격되고 카페 앞 수풀 속에 숨어 있는 모습이 발견됨. 탐사대를 감시하러 온 것 같지는 않으나 무언가를 찾는 것으로 보임. 지켜볼 필요가 있음.
* 보스는 미신에 빠져 카페에 부적이라는 지구의 수상한 종이를 여기저기 붙임. 외계인을 불러오는 종이라고 하여 조사를 시행했으나, 분석 결과 이것 역시 지구인의 미신에 불과했음.
* 보스 일당의 점집 방문을 미행함. 점집은 말 그대로 점을 보는 곳. 지구인들은 불안하거나 미래를 알고 싶을 때 이곳에 간다고 함. 관찰 결과, 점쟁이들은 다른 지구인과 매우 비슷함. 특별한 능력은 없는 것으로 보임.

지구인은 점 보는 걸 좋아한다

- 지구인들은 노란 종이에 빨간 글씨를 써서 소원을 이루어 준다는 부적을 만듦. 행운을 부르기 위해, 돈을 많이 벌기 위해, 소원을 이루기 위해, 귀신을 쫓기 위해 등 부적의 목적은 매우 다양하나, 부적의 형태는 대부분 비슷함.
- 아무나 부적을 만들 수 있는 것은 아님. 신과 소통하거나 앞을 내다보는 능력이 있다고 생각되는 사람이 써야만 효과가 있다고 여겨짐. 지구인들은 이 사람, 즉 점쟁이에게 방문해 현재의 고민을 의논하고 미래를 예측해 주길 부탁함.
- 지구의 점쟁이들은 각자의 독특한 방식을 이용해 점을 침. 동전을 던져 운세를 확인하기도 하고, 쌀알이 붙고 떨어지는 모양을 보기도 함. 생년월일, 별자리 등을 이용하는 경우도 있음. 이 중에 무엇이 가장 정확한지는 밝혀지지 않음. 대부분 점을 보는 사람의 기운에 달렸다고 하는데, 아우린이 보기엔 그저 다 똑같은 거짓말 같음.

지구인 점쟁이들의 미래 예측 비법

- 점쟁이들이 점괘를 말하면, 지구인들은 "어떻게 알았냐?"라며 호들갑을 떪. 하지만 지구인들은 어떤 말을 듣든 다 '내 이야기'라고 생각하는 경향이 있는 것으로 밝혀짐. 지구인 심리학자들은 이것을 '바넘 효과'라고 부름. 일반적인 성격 특성들을 마치 자신의 성격에 대한 이야기로 받아들이는 현상을 뜻함.
- 자신의 생각과 일치하는 정보에만 주목하는 '확증 편향'도 지구인 점쟁이의 신뢰성을 높이는 데 한몫함. 자신이 듣고 싶은 것만 듣고 자신의 상황에 맞는 말만 기억하는 지구인들에게는 결국 어떤 말을 해 줘도 맞는 말이 되는 것이었음.

바넘 효과를 부르는 문장들

* 당신은 사람들에게 받아들여지고 싶어 합니다.
* 당신은 잘 안될 것 같은 일에 때때로 너무 많은 노력을 기울입니다.
* 사람을 좋아하는 외향적인 모습을 보이지만, 동시에 내성적이고 수줍은 모습을 가지고 있습니다.

- 지구인들은 해결하기 어려운 문제를 마주할 때, 초월적인 힘에 의지하고 싶어 하기 때문에 점을 봄. 또 후회를 싫어해서 어떤 선택을 하는 것이 미래의 자신에게 더 유리할 것인지 미리 알고 싶어 함. 점쟁이는 불안감이 많고, 후회를 싫어하고, 누군가에게 위로받고 싶어 하는 지구인들의 특성이 만들어 낸 산물로 보임.

지구인의 믿음에는 엄청난 힘이 있다

- 지구인들은 믿음을 기반으로 많은 일을 벌임. 보스처럼 비싼 돈을 주고 부적을 사는 것부터 시작해서 서로 믿는 신이 다르다며 전쟁을 벌이고, 신을 기리는 장엄하고 아름다운 작품을 만들기도 함.
- 지구인들은 항상 미래에 무슨 일이 벌어질지 몰라 걱정하고 스트레스를 받음. 이럴 때면 지구인의 뇌는 아드레날린, 코르티솔 같은 스트레스 호르몬을 분비해서 세상과 싸울 준비를 함. 종교는 이러한 지구인의 마음을 이해해 주고 위로함으로써 지구인의 마음을 편안하게 해 줌.

• 몇몇 지구인 뇌과학자들은 지구인의 뇌가 종교를 가지도록 구조화되어 있다고 주장하기도 함. 종교적 체험을 하는 동안 지구인의 뇌에 변화가 일어나며, 그 변화가 유익하기 때문에 지구인들은 종교 활동을 계속한다는 것. 실제로 명상을 하는 사람의 뇌에서 스트레스와 싸우는 오른쪽 전전두엽의 활동은 떨어지고, 만족감을 증진시키는 왼쪽 전전두엽의 활동은 늘어나는 것이 관찰되었음. 지구인들이 믿는 신에 대해서는 좀 더 연구가 필요함.

믿음이 세운 지구의 장대한 건축물들

©Gary Ullah from UK / Wikimedia Commons

1882년부터 지금까지 짓고 있는 사그라다 파밀리아 성당

©Ara9979 / Wikimedia Commons

셰이크로트폴라 모스크의 아름다운 내부

©Tla2006 at English Wikipedia / Wikimedia Commons

하늘과 지상을 연결하는 탑, 지구라트

과학의 눈으로 보았을 때, 종교는 지구인이 고통을 덜기 위해 만들어 낸 거대한 이야기에 불과하다. 하지만 이 이야기 속에서 지구인들이 창조해 낸 아름다운 종교 예술품과 장엄한 건축물들은 아우린이 보아도 감동적이다.

6

운수 좋은 날

지구인은 지나친 행운을 싫어한다

금 사장은 황금 부동산에 우두커니 앉아 있었다. 벌써 한 달째 손님이라고는 개미 한 마리 만나지 못했다. 문의 전화도 한 통 없다. 물론 금 사장도 잘 안다. 본래 공인 중개사 일이라는 것이 봄가을 이사 철에는 바쁘고, 여름과 겨울에는 좀 한가하다. 특히 모든 게 꽁꽁 얼어붙는 한겨울은 정말 비수기다.

"아무리 그래도 한 달에 손님 한 명도 못 보기는 처음이야."

금 사장은 혹시나 하는 마음에 문밖을 얼쩡거렸다. 차가운 바람이 금 사장의 얼굴을 때렸다.

"이럴 줄도 모르고 생일 파티를 거하게 했네."

금 사장은 한 달 전에 했던 생일 파티를 떠올렸다. 마흔아홉 번째 생일, 40대의 마지막 생일이라 초등학교 동창들을 모두 불러 모아 떠들썩하게 놀았다.

그날, 세상의 온갖 미신을 다 믿는 신남이는 축하 인사 대신 조심하라는 당부를 했다. 실없는 소리라며 흘려들었는데, 막상 일이 잘 안 풀리니 그 말이 떠올랐다.

"화성에 우주선을 보내는 시대에 그런 비과학적인 미신에 흔들리면 안 되지."

금 사장은 고개를 절레절레 흔들었다. 그래도 마음은 계속 불편했다.

"어휴, 처음 공인 중개소를 열 때는 100억짜리 계약도 턱턱 성사시키고 그럴 줄 알았는데, 세상일이 마음대로 안 되는구나."

금 사장은 한숨을 푹푹 쉬었다.

기분도 꿀꿀하고 날씨도 궂은 것이 오늘도 틀린 것 같았다. 금 사장은 일찌감치 부동산 문을 닫았다.

따리링 따리링.

막 문을 잠그고 나왔을 때 사무실 전화벨이 울렸다. 받을까 말까? 고민하던 금 사장은 후다닥 문을 다시 열고 달려가 전화를 받았다.

"유에프오 카페의 사장님이 보석산과 보석호텔 건물을 판다고요? 합치면 100억이라고요?"

금 사장은 입이 떡 벌어졌다. 큰 계약이 들어오려고 그동안 일이 없었나? 이제부터 불행 끝, 행운 시작인가? 금 사장은 30초쯤 들떴다가 정신을 차렸다.

"이 작은 동네에서 누가 100억짜리 부동산을 사겠어? 살 사람을 못 찾으면 100억이 아니라 1,000억짜리 매물이 있어도 아~무 소용 없지."

금 사장은 다시 문을 잠그고 나왔다. 띠리링 띠리링, 또다시 전화벨이 울렸다.

'안 받으면 끊겠지. 100억짜리 산을 사겠다는 사람 아니면 굳이 받을 필요도 없고!'

금 사장은 전화벨 소리를 뒤로하고 돌아섰다. 띠리링 띠리링, 띠리링 띠리링. 전화벨은 끈질기게 울렸다. 금 사장은 하는 수 없이 다시 문을 열고 들어갔다.

"네, 황금 부동산입니다. 네? 황 사장님이시라고요? 보석산을 사고 싶으시다고요? 보석호텔 건물도요? 거기 주인에게 말을 좀 해 달라고요?"

100억짜리 계약이라니! 금 사장은 기분이 너무 좋았다. 하늘을 날 것 같아서 그냥 집에 갈 수가 없었다.

금 사장은 초등학교 동창들을 다시 불러냈다. 비싼 밥을 사면서 잘난 척을 톡톡히 했다. 특히 조심하라며 겁을 주던 신남이에게 한마디 단단히 했다.

"재수 없다는 미신 같은 거 믿지 마라. 사람 일은 마음먹은 대로 되는 거야. 나는 행운아다 생각하고 사니까, 행운이 나를 위해 대기하는 거야."

"큰일을 앞두면 더 조심해야지. 부정 탄다."

신남이는 또 불길한 소리를 했다. 칫, 금 사장은 또 귓등으로 흘려들었다.

그날 저녁, 금 사장은 집에 들어가는 길에 아이들이 좋아하는 치킨과 떡볶이를 샀다. 비싼 아이스크림케이크도 제일 큰 걸로 사 들고 대문 앞에서부터 떠들썩하게 아이들을 불렀다.

며칠 뒤 금 사장은 황 사장과 함께 보석산을 직접 보러 갔다. 보석산 주인인 보스도 보석호텔 앞에서 만나기로 약속했다. 금 사장과 황 사장은 약속 시간보다 30분이나 일찍 가서 보석산을 둘러보았다.

산을 살펴보는 내내 감탄하던 황 사장이 조심스레 물었다.

"저……. 금 사장님, 산 주인은 어때요? 아무리 사유지라지만 높은 울타리를 빵빵 둘러쳐서 막아 놨기에 욕심 사나운 사람인가 했는데……. 나중에 딴소리는 안 하겠지요?"

"그럼요. 보스 사장님이 좀 무뚝뚝하긴 해도 나쁜 사람은 아니에요……."

금 사장은 보스가 어떤 사람인지 잘 몰랐지만 계약을 성사시키기 위해 좋은 말만 골라 했다.

건물 뒤 창고에
달에서 가져온
월석이….
속닥
속닥
월석에서 방사선이
이렇게 많이 나온다고?
가까이에 외계 우주선이라도
있어야 말이 되는
양이야.
400
수치가 좀
높긴 하네요.
또 고장 났군.
휴대용 기계는
전자파에 약하더라고요.
저 송신탑 때문인가?
이런 고물 같으니!
외계이~~~인!
꼭 찾고 말 테다!
쨍강
보스 사장님,
이상한 분은
아니죠?
네, 물론
아니어야지요….
소곤
소곤

덜컹
덜컹
비상!
지구인 출현.
외계인을 찾겠다고
소리 지름.
허둥
지둥
에잇, 포기.
퍽
당장 아우레로 출발?
그럼 루나 안전.
다른 탐사대원들
안전은 보장 못 함.
건물 안에는
뭐가 있나요?
봐도 되지요?
맘대로 해.

반 짝
소~오~름
어?
뭔가 번쩍하지 않았어요?
봤나? 투명해진 거 맞는데?

찌릿
바보들.
햇빛이야, 햇빛.
천장에 창이 나 있어.
아, 역시 멋진 건물이군요.
마음에 쏙 들어요.
들어가 봐도 되죠?
당연히
들어가 보셔야죠.
건물을 사실 건데.
안 들어가시는 게 좋아요.
안전 진단 결과, 이게
100년 된 건물이라
언제 무너져도
이상하지
않다고….
당신 안전은
보장 못 한단
소리야.
에이, 설마
무너지기야
하겠어요?
들어올 거야,
말 거야?
빨리 결정해!

앗!
잠시만요!
후드득
황 사장님, 큰일을 앞두고는 조심하셔야죠. 내부는 안전을 보강하고 난 다음에 보시는 게 좋겠어요.
중간에 다른 사람한테 팔면 안 되는데….
일이 술술 풀리네. 복이 넝쿨째 굴러 들어왔어.
외계 방사선 탐지 장치를 어떻게 고치나…?
저길 언제 또 내려가….
보석산을 팔아 치워서 점쟁이의 말에 휘둘리는 사람이 아니라는 걸 증명할 거야.
안전을 위해 미니미 우주선은 홀로 아우레로 보낼 것. 지구는 다 위험.

보스와 황 사장은 일주일 뒤에 계약서를 쓰기로 했다. 금 사장은 중개 수수료로 큰돈을 벌 생각에 마음이 들떴다.

"내게도 이런 복이 들어오네! 다른 중개사들이 얼마나 부러워할까? 삼재가 아니라 대운이 열렸네. 하하하."

금 사장은 혼자서 한참을 웃었다.

정말로 대운이 들어오는지, 그날부터 금 사장에게는 좋은 일만 생겼다. 파리만 날리던 황금 부동산에는 갑자기 손님들이 밀려들었다.

금 사장의 행운은 계속되었다. 야구장에서는 파울 볼이 금 사장에게 휙 날아와 꽂히고, 가족들과 함께 간 낚시 여행에서는 얼떨결에 월척을 잡았다.

"이제 행운이 끝날 거라고? 설마, 나는 행운의 사나이야."

금 사장은 아무렇지도 않은 듯 대꾸했지만 갑자기 불안해졌다. 100억의 행운 이후, 금 사장에게는 거짓말처럼 좋은 일만 계속되었다. 하지만 영화나 드라마에서 보면, 엄청난 행운 뒤에는 꼭 상상도 못 할 불행이 닥친다. 금 사장은 실제로도 운이 지나치게 좋았던 사람들이 하루아침에 쫄딱 망하는 모습을 몇 번 봤다. 아니면 불치병에 걸리거나…….

금 사장은 갑자기 두려워져서 이마를 짚어 보았다. 다행히 열은 없었다.

"행운은 이제 그만. 나는 평범하게 살고 싶어."

하지만 행운이라는 녀석은 금 사장을 포기하지 않았다. 서랍 정리를 하면 잃어버린 비상금이 나왔고, 새로 개업한 마트를 방문하자 77번째 행운의 손님이라며 선물을 받았다.

"얼마나 끔찍한 불행이 닥치려고 이렇게 좋은 일만 계속되는 거야? 혹시 100억 계약이 깨지려나? 아니면……, 100억 계약만큼의 큰 불행이 찾아오는 거 아닐까? 진짜 나, 죽나?"

금 사장은 행여 사고라도 날까, 길 조심, 차 조심, 음식 조심, 사람 조심……, 조심하며 살았다. 그런데도 나쁜 일이 생길까 봐 두렵기만 했다. 불운이 올 거면 차라리 빨리 와 버렸으면 좋겠다는 생각마저 들었다.

계약 날 아침이 되었다. 금 사장은 제일 좋은 옷을 차려입고 경건한 마음으로 황 사장과 보스를 기다렸다.

약속 시간이 지나도록 두 사람은 나타나지 않았다. 띠리링 띠리링, 갑자기 전화벨이 요란하게 울렸다.

황 사장과 보스는 자기 할 말만 하고서 전화를 뚝 끊어 버렸다. 참으로 예의 없는 사람들이었다. 하지만 금 사장은 조금도 서운하지 않았다.

"아, 이거였구나! 내게 닥칠 불행이 이거였어. 100억 계약이 깨지는 것! 돈은 좀 아깝지만, 뭐 어때. 다른 나쁜 일은 생기지 않을 거야. 나는 살았어. 살았다고!"

금 사장은 환호성을 지르며 방방 뛰었다. 지나가던 라후드가 무슨 일인가 싶어 빼꼼 사무실 안을 들여다보았다.

"앗! 라후드 씨, 저 살았어요. 100억짜리 계약이 깨졌거든요. 이제 안심이에요. 계속 좋은 일만 생기니까 불안해서 혼났는데, 드디어 나쁜 일이 생겼어요."

"나쁜 일이 생겨서 기뻐요? 사람들은 좋은 일이 생기기를 바라지 않나요?"

라후드는 이해하지 못했다. 금 사장은 그런 라후드를 이해할 수 없다는 듯 말했다.

"물론 행운 좋죠. 하지만 행운만 계속되면 불안하잖아요. 어휴, 행운이 끝나서 정말 다행이다. 한시름 놨어요."

지구인들은 늘 행운을 바란다. 행운의 네잎클로버를 찾는다고 풀밭을 뒤지고, 행운의 숫자 7에 집착하고, 시험을 잘 보기를 바라며 시험장 문에 엿을 붙이기도 한다. 논리적인 근거를 찾을 수 없는 그런 쓸데없는 일을 저지르면서까지 행운을 바라면서, 좋은 일만 계속되면 불안하단다. 나쁜 일이 생겨야 안심이 된단다. 라후드는 궁금했다.

지구인에게 행운이란 대체 뭘까?

보고서 50

불안해야 살 수 있는 지구인들

🌍 2019년 12월 14일 아우레 7386년 1월 61일 작성자: 라후드

지구 사건 개요

* 금 사장의 공인 중개소에 큰돈이 오가는 계약이 성사될 뻔했으나, 결국 취소됨. 하지만 금 사장은 서운해하기보다 다행이라고 말함. 매우 기다리던 계약이었지만, 너무 큰 행운이 덥석 가까이 다가오자 오히려 두려워한 것.
* 보스가 외계인을 찾기 위해 직접 전파 천문대를 만들려 한다는 것을 알게 됨. 일부러 지구인들이 많이 찾지 않는 산과 오래된 건물을 사들여, 외계인을 찾는 기지로 적극 활용하려 하고 있음. 탐사대가 처음 도착했던 지구의 전파 천문대보다 더 발전된 과학 기술을 보유하고 있는지 확인이 필요함.
* 실제로 오늘 보석산에서는 높은 수치의 외계 방사선이 감지되었다고 함. 틈만 나면 자리를 비우는 루나가 그곳을 몰래 찾는지 좀 더 관찰해 보겠음.

불안은 지구인의 생존 필수품이다

- 아주 오래전 지구인 선조들은 언제 죽을지 모르는 삶을 살았음. 커다란 매머드에게 밟힐 수도 있고, 독버섯을 먹고 죽을 수도 있었음. 따라서 지구인들은 위험을 빠르게 감지하고 불안을 느끼도록 진화함. 바스락거리는 소리가 토끼인지 맹수인지 알아야 사냥할지 도망칠지 판단할 수 있었기 때문. 늘 어느 정도 긴장한 상태로 있는 것이 생존에 도움이 되었던 것.
- 하지만 지나친 불안은 오히려 지구인의 생존을 위협하기도 함. 예를 들어, 음식에 독이 들어 있을까 봐 너무 불안해서 아무것도 먹지 못한다면 그 지구인은 수일 내로 굶어 죽고 말 것임.
- 지구인들은 불안을 적절히 조절해 가며 살아남았음. 피할 때는 피하고, 맞설 때는 맞서도록 도와주는 불안은 지구인의 생존 필수품이었음.

지구인의 불안이 생성되는 곳

지구인 뇌 속의 편도체는 위험 요소를 감지한다. 전전두엽은 이를 파악하여 적절한 불안인지 판단하고, 다음 행동을 계획한다. 편도체와 전전두엽은 조화를 이루어 지구인들이 알맞은 행동을 할 수 있게 돕는다. 불안이 공포가 될 만큼 커지는 경우, 전전두엽의 기능이 마비되기도 한다. 이때 지구인의 이성은 잠시 멈춰 버리고, 지구인의 몸은 즉각 경계 태세를 취하며 싸울 준비를 한다.

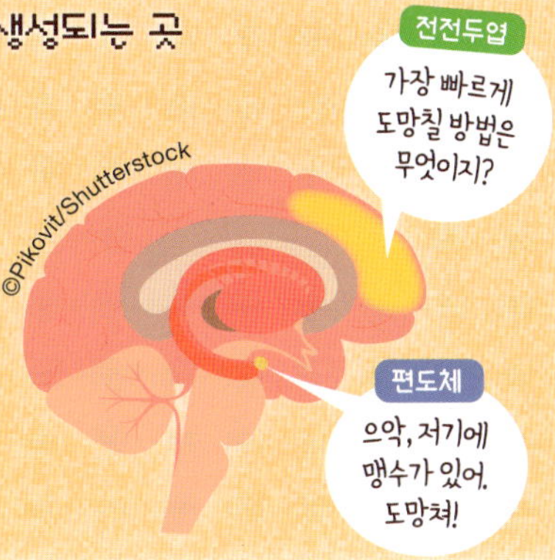

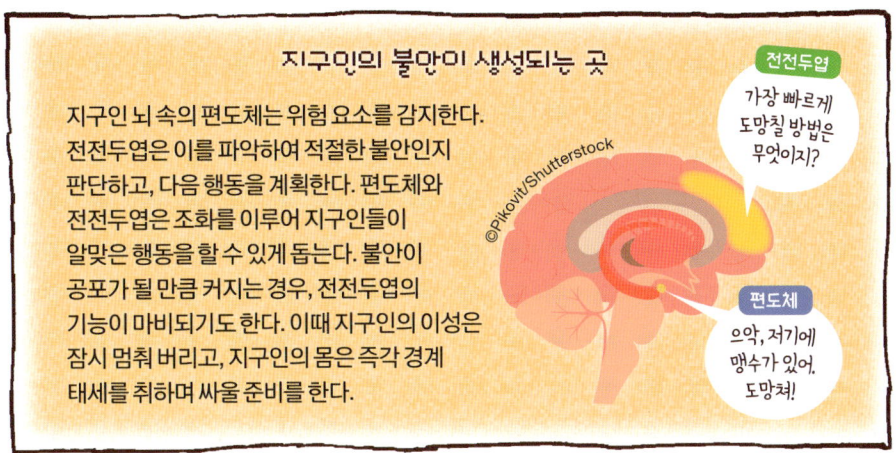

지구인의 뇌는 불안을 만들어 낸다

- 지구인들은 금 사장처럼 아무 위험이 없을 때도 불안해함. 행운이 오기만을 간절히 기다리다가도, 막상 행운이 오면 행운이 조금 멀리 있기를 바라는 앞뒤가 맞지 않는 모습을 보임.
- 이것은 지구인의 뇌가 '나중에 후회하느니 지금 조심하겠다.'라는 전략을 취하기 때문. 늘 조심하려고 하는 특성 때문에 지구인들은 자기 전에 불을 끄고 누워 있을 때 벽에 드리운 그림자가 갑자기 괴물로 보이거나 침대 밑에 누군가가 숨어 있는 것 같은 느낌에 사로잡히기도 함.
- 지구인의 불안감은 낮은 이성이 갖고 있는 확률에 대한 오해 때문에도 일어남. 예를 들어, 지구인들은 주사위를 던졌을 때 다섯 번 연속으로 숫자 3이 나오면, 다음 번에는 3이 나오지 않을 것이라고 생각함. 이전에 나온 숫자가 다음에 나올 숫자와 연관이 있다고 여겨서임. 하지만 이전에 3이 얼마나 많이 나왔든, 다음에 3이 나올 확률은 6분의 1로, 다른 숫자들과 같음. 같은 이유로, 행운이 계속되면 다음 번에 불행이 올지도 모른다는 예상을 하게 되는 것.
- 지구인 심리학자들은 이와 같은 생각 오류를 '도박사의 오류'라고 부름. 도박을 하는 지구인들이 '이제까지 잃었으니 이제는 행운이 올 것'이라고 착각하는 것과 같기 때문. 실제로 비논리적 판단 때문에 손해를 보는 지구인들이 많음.

지구인의 불안 완화 방법

- 지구인들은 불안해하지 않고는 살 수 없지만, 그중에서도 유독 불안감이 높은 사람이 있다고 함. 이들은 하루 종일 초조해하며, 며칠 동안 잠이 들지 못하기도 함. 불안감이 지구인의 교감 신경계를 과도하게 흥분시켜서, 심장이 지나치게 빨리 뛰고 호흡을 잘 하지 못하는 상황도 벌어짐.
- 지구인들은 아래와 같은 방법들을 사용해서 지나친 불안을 조절하려 함. 무엇이든 '적당히'가 중요한 지구인들은 불안도 적정한 수준으로 유지하기 위해 매우 노력함.

불안한 사람들을 위한 지구인들의 조언

* 편안한 의자에 앉아 10초간 마음을 안정시킨 후, 천천히 호흡을 조절한다. 마음속으로 7까지 세면서 숨을 들이쉬고, 11까지 세면서 숨을 내쉰다. 1분 동안 실시한다.

* 1에서 10까지 세며 머리부터 발끝까지 근육을 긴장시킨다. 그 상태에서 잠시 머문 다음, 다시 1에서 20까지 세며 머리부터 발끝까지 서서히 근육을 이완시킨다. 몸의 힘을 풀며 마음을 가라앉힌다.

* 자신의 생각과 감정을 글이나 말로 표현해 본다. 다음의 질문에 답하며 불안감을 구체화해 본다.
  - 무엇이 나를 불안하게 만들지?
  - 불안의 크기를 그려 본다면, 어느 정도일까?
  - 나는 지금의 불안을 감당할 수 있을까?
  - 해결할 수 있는 문제라면, 어떻게 해결해야 할까?

* 적당한 강도의 유산소 운동을 하면, 기분을 좋게 하는 세로토닌과 마음을 안정시키는 신경전달물질이 분비된다.

7

루이가 알고 있다

탐사대는 새 임무의 진행 상황을 보고하라. 지구인에게 어떤 이야기를 퍼뜨려, 아우린에 대한 이미지를 바꾸고 있는가? 새 임무의 성과를 분석한 뒤 지구 접수 방법을 최종 결정한다.
-아우레 행성 지도부-
아싸, 행성의 임무는 수행하고 있나?
바바, 하고 있나?
라후드?
나? 어… 루나, 행성의 임무는….
그 임무, 루나는 불가능함.
아우레 최고로 논리적이고 이성적인 루나, 거짓말 안 함.
거짓말이 아니라 상상력으로 이야기를 만드는 것이다.

행성의 새 임무는 지구인들이 아우린들에게 호감을 가질 수 있는 감동적인 이야기를 만들어 퍼뜨리는 것이었다.

하지만 아우린들은 이야기 임무를 아직 시작하지 못했다. 논리적이고 이성적인 아우린은 실제와 다른 이야기를 지어낼 상상력을 발휘할 수도, 지구인의 감정을 자극하는 이야기를 쓸 수도 없었다.

지구는 물의 행성이다. 풍부한 물 덕분에 황폐한 아우레와 달리 적당한 습도를 유지한다. 하지만 지구에 온 첫날 밤, 성분을 알 수 없는 빗물을 직접 접촉했던 탐사대원들은 비를 매우 싫어했다. 라후드는 일기 예보의 비 올 가능성이 1%만 되어도 우산을 들고 나섰다. 걸어서 5분도 안 걸리는 유에프오 카페에 갈 때도 예외는 없다.

라후드는 아주 큰 우산과 방수 신발로 완전 무장을 하고 유에프오 카페에 출근했다. 라후드보다 먼저 온 검은 양복이 흠뻑 젖은 머리를 털고 있었다. 검은 양복은 뽀송뽀송한 라후드를 보고 말했다.

"우산을 안 가져오면 꼭 비가 와요. 전 항상 운이 없거든요."

"일기 예보는 확인했나요?"

"아니요. 일기 예보를 뭐 하러 봐요. 일기 예보는 틀릴 때도 많지만 제가 우산을 안 가지고 오면 100% 비가 오는데……."

검은 양복의 말은 틀렸다. 라후드의 기억에 따르면 검은 양복이 우산을 안 가져온 날, 날씨가 맑을 때가 더 많았다.

"윤박은 늘 운이 좋더라. 난 나쁜 운을 타고났어요."

검은 양복은 젖은 옷을 쥐어짜며 말했다.

"소풍날, 캠핑 날마다 꼭 비가 왔어요."

"내가 좋아하는 여자는 꼭 내 친구를 좋아하고, 시험 문제는 내가 공부 안 한 부분에서만 나왔어요."

"중요한 날에는 알람이 안 울려서 지각을 하고, 마트 계산대에 줄을 서면, 꼭 내가 선 줄만 사람이 줄지 않아요. 도대체 나는 왜 이렇게 운이 없죠?"

"저는 반대로 신기할 정도로 운이 좋아요."

윤박은 자신이 얼마나 행운아인지 이야기했다.

"놀러 가는 날은 늘 날씨가 좋았어요."

"새로운 학교, 새로운 반에는 늘 좋은 새 친구들이 있고, 시험 점수는 늘 내가 공부한 만큼 나왔죠. 내가 좋아하는 친구는 늘 나를 좋아했고요."

"화장실 줄도 내가 선 줄이 빨리 줄어드는 것 같아요. 복권도 몇 번이나 당첨되었다고요. 5천 원짜리지만, 어쨌든 기분 좋잖아요. 보여 드릴까요?"

윤박은 지갑에서 복권을 꺼냈다. 검은 양복은 당첨된 복권에서 눈을 떼지 못했다.

"역시 윤박은 행운아야. 난 한 번도 복권에 당첨된 적 없어요."

"그럼 내 복권 가져요. 행운을 나눠 줄게요."

윤박은 검은 양복에게 자신의 복권을 내밀었다.

"와! 고마워요. 당첨된 복권 처음 봐요. 정 박사님은 복권 당첨돼 본 적 있으세요?"

정 박사는 고개를 저었다.

"정 박사님도 정말 운이 없나 봐요."

"아니요. 운과 상관없어요. 확률이죠. 복권에 당첨될 확률은 814만분의 1쯤 되어요. 번개에 맞을 확률보다 낮지만, 그래도 일단 산다면 당첨될 가능성이 있긴 있죠. 하지만 저는 한 번도 복권을 사지 않았어요. 당연히 당첨 확률 0이죠."

검은 양복은 정 박사의 말을 듣고 뭔가 깨달았다. 검은 양복도 복권을 산 적이 없었다.

"저처럼 운 나쁜 사람은 당첨이 안 될 거라고 생각했거든요."

윤박은 눈이 휘둥그레졌다. 윤박은 습관처럼, 취미처럼 매주 한 장씩 복권을 샀고, 남들도 다 그러는 줄 알았다. 윤박은 보스에게 물었다.

"보스, 보스는 복권 산 적 있지요?"

"아니. 당첨되어 봐야 푼돈인데, 뭐 하러 사?"

보스는 눈살을 찌푸리며 단호하게 고개를 저었다. 역시 통 큰 보스다웠다.

검은 양복은 생각만으로도 몸서리를 쳤다. 윤박도 3년 전의 캐나다 출장을 떠올렸다. 외계인의 흔적이 로키산맥에서 발견되었다고 하여, 캠핑장을 전전하며 외계인을 쫓았다. 춥고 고생스러웠지만 웅장한 자연 속에서 색다른 재미도 느꼈다.

"캐나다 캠핑장 말이죠? 외계인을 못 만나면 빅풋이라도 만나고 싶었는데 둘 다 못 만났어요. 근데 그 정도면 운이 엄청 좋았던 거 아니에요?"

3년 전,
캐나다 로키산맥
여기에 정말 외계인의 흔적이 있다고요?
외계인과 빅풋은 더 조사해 봐야 알고, 곰은 확실히 있어요.
CAMPING TOWN 5KM
곰이 캠핑장 안으로 들어오진 않겠지?
CAUTION
BEAR IN AREA
꿀꺽
에이, 설마. 잠이나 자자.
툭
쿵 쿵
툭
툭

꺄악,
곰이다!
크
아앙!
윤박, 구해 줘.
곰이야!
데굴
데굴
퍽
드르릉
드르릉
다음 날 아침
검박, 설마
죽었어? 곰에
물려 간 거야?
뒤적
뒤적
핫!
윤박,
나 아직
안 죽었어.

"곰은 왜 둘 중 하나의 텐트만 공격했을까요?"

정 박사가 윤박과 검은 양복에게 물었다. 두 사람 다 고개를 절레절레 저었다. 곰이 사는 지역의 캠핑장에는 특별한 주의 사항이 있다. 음식물을 절대 텐트 안에 두지 말 것. 검은 양복과 윤박은 둘 다 이 주의 사항을 잘 알고 있었다.

정 박사는 검은 양복에게 다시 물었다.

"혹시 텐트에 음식 같은 게 남아 있지 않았나요?"

"사실은 밤참으로 먹던 초코 과자 껍질이……. 그렇지만 한 조각도 안 남게 싹싹 핥아 먹고 껍질은 침낭 속에 숨겼다고요. 곰은 절대 몰랐을걸요."

검은 양복은 억울한 듯 변명했지만 보스는 딱 잘라 말했다.

"자네는 운이 없던 게 아니라, 주의 사항을 잘 안 지킨 거야."

정 박사도 검은 양복에게 공감하지 않았다.

“타고난 행운과 불운은 없어요. 자신의 행동과 생각에 따라 행운은 있기도 하고 없기도 하죠.”

“저는 운도 없고 행동도 칠칠치 못한 사람이에요.”

검은 양복은 풀이 팍 죽었다. 윤박은 침울해진 검은 양복의 어깨를 경쾌하게 두드리며 말했다.

“정 박사님 말은 생각과 행동을 조금만 바꾸면 운이 좋은 사람이 된다는 뜻이죠. 검박은 운 없는 사람이 아니에요.”

“정말 그런가? 나, 운 때문에 포기한 일들을 다 해도 될까?”

검은 양복은 그제야 환하게 웃었다. 라후드는 지구인들이 왜 똑같이 듣고도 다르게 해석하는지 이해하지 못했다.

‘그냥 외우자. 윤박처럼 긍정적으로 생각하면 모두가 기분이 좋아진다고.’

그날 밤, 라후드는 마구 외운 지구인의 정서를 떠올리며 행성의 새 임무를 시작했다.

하지만 밤을 꼴딱 새운 보람도 없이 임무 실패. 좌절한 라후드는 편의점으로 뛰쳐나갔다. 그런 라후드에게 루이가 다가왔다.

지구특공대, 다우란과 한판승부!
다우리 행성은 갈수록 황폐해졌다.
다우란들이 살길은 이주할 새 행성을 찾는 것뿐.
다우란 탐사대는 웜홀을 뚫고 여러 행성을
탐험한 끝에 초록 행성을 발견했다.
다우리
태양계의
작은 행성
지구에 착륙한다.
외계인의
지구 침공이
시작되었다.
지구는
우리가 지킨다.
지구특공대!
유에프오다.

지구 정복 전 환경 조사 필수.
지구 조사를 위해 지구인으로 변신.
지구인부터 살펴본다.
지구인은 다우란보다 강함?
겨뤄 보기 전엔 모름.
일단 조심. 정체를 들키지 말 것.
좀 낀다.
이런 몸이면, 약할 것 같음.

외계인
못 봤어요?
우리가
외계인임.
외계인, 체포한다.
우리는 지구를 지키는
지구특공대.
끼약
지구인도
외계인에겐 외계인.
그래서 우리는
모~두 외계인.
끄덕
끄덕
외계인을 보면 꼭 알려 주세요.
태권도, 쿵후, 합기도, 주짓수로
모두 날려 버릴 테니….
지구인 무서움.

다우리로 돌아감.
유에프오다. 지구를 침공하러 왔다.
아니, 지구를 떠나는 것 같은데?
1화 끝
봤어?
뭘요?
비상사태. 루이가 아우린의 본모습을 알고 있다.
라후드 씨, 제 태블릿은 주고 가셔야죠.

이 책을 만든 사람들

정재승
기획

KAIST에서 물리학으로 학사, 석사, 박사 학위를 받았습니다. 예일대학교 의과대학 정신과 박사후 연구원, 고려대학교 물리학과 연구교수, 컬럼비아대학교 의과대학 정신과 조교수를 거쳐, 현재 KAIST 뇌인지과학과 교수로 재직 중입니다. 우리 뇌가 어떻게 선택을 하는지 탐구하고 있으며, 이를 응용해서 로봇을 생각만으로 움직이게 한다거나, 사람처럼 판단하고 선택하는 인공지능을 연구하고 있습니다. 쓴 책으로는 <정재승의 과학 콘서트>(2001), <열두 발자국>(2018) 등이 있습니다.

정재은
글

프로젝트를 진행하는 동안 때로는 아싸로, 때로는 라후드로, 때로는 오로라나 바바로 끊임없이 정신을 분리하며 도서 전체의 스토리를 진행했습니다. 가 본 적 없는 아우레 행성과 직접 열어 본 적 없는 지구인의 뇌를 스토리 속에 엮어 내기 위해 엄청 열심히 공부를 해야 했습니다. 쓴 책으로 <뚱핑크 유전자 수사대> <멘델 아저씨네 완두콩 텃밭> <미스터리 수학유령> 시리즈 등 다수의 어린이 책이 있습니다. 머릿속 넓은 우주가 어디로 펼쳐질지 모르는 창의력 뿜뿜 스토리텔러.

김현민
그림

일찍이 유럽으로 시장을 넓힌 대한민국의 만화가. 대학에서 산업디자인을 전공한 뒤 어릴 때 꿈을 찾아 만화가가 되었습니다. 프랑스 앙굴렘 도서전에 출품한 것을 계기로 프랑스 출판사에서 <Archibald 아치볼드>라는 모험 만화를 만들고 있습니다. 인간이 아닌 괴물이나 신기한 캐릭터 등 상상력을 발휘할 수 있는 그림을 좋아합니다. 몸은 지구에서 벗어날 수 없지만, 머릿속은 항상 우주의 여행자가 되고 싶은 히치하이커.

이고은
글

지구인들의 심리를 과학적으로 설명해서 보여 주는 것이 취미이자 특기인 인지심리학자. 부산대학교에서 심리학으로 학사, 인지심리학으로 석사와 박사 학위를 받은 뒤, 강의와 연구를 하고 있습니다. 과학 웹진 <사이언스 온>에서 '심리실험 톺아보기' 연재를 시작으로 각종 매체에 심리학을 소개해 왔으며, <마음 실험실>(2019)을 펴낸 과학적 스토리텔링의 샛별.

뇌가 말랑해지는 시간
9권 미리보기

재미로 보는 별자리 궁합부터
미신에 푹 빠진 친구들을 위한
오로라의 특급 처방까지!
이번 뇌말랑도 놓치지 마세요~.

너와 나는 운명일까?

운명의 상대가 궁금한 지구인들을 위한 별자리 궁합 테스트!
먼저, 나와 상대의 별자리가 만나는 부분을 확인해 봐.

생일	별자리	생일	별자리	생일	별자리	생일	별자리
12.25 ~ 01.19	염소자리	03.21 ~ 04.19	양자리	06.22 ~ 07.22	게자리	09.24 ~ 10.22	천칭자리
01.20 ~ 02.18	물병자리	04.20 ~ 05.20	황소자리	07.23 ~ 08.22	사자자리	10.23 ~ 11.22	전갈자리
02.19 ~ 03.20	물고기자리	05.21 ~ 06.21	쌍둥이자리	08.23 ~ 09.23	처녀자리	11.23 ~ 12.24	사수자리

상대방 →

나 ↓

구분	염소	물병	물고기	양	황소	쌍둥이	게	사자	처녀	천칭	전갈	사수
염소	B	F	D	F	A	G	D	E	A	G	E	C
물병	G	A	H	E	C	A	H	E	F	B	C	D
물고기	E	H	B	C	E	C	A	E	G	F	B	F
양	C	E	G	B	G	D	C	B	F	D	H	A
황소	A	H	D	C	B	H	E	F	B	G	G	H
쌍둥이	C	A	H	E	H	B	H	E	G	A	F	D
게	D	H	A	G	E	C	B	G	E	F	A	H
사자	C	G	H	B	G	D	H	A	F	D	F	B
처녀	A	G	D	E	A	C	D	F	B	F	E	G
천칭	C	B	F	E	F	A	G	E	C	A	G	D
전갈	D	F	A	G	D	F	B	C	D	C	B	H
사수	C	E	G	B	C	D	H	A	F	D	H	B

궁합 결과

- **A** 너와 나는 운명의 상대! 찰떡궁합 천생연분~.
- **B** 너무 비슷해서, 단점까지 꼭 닮은 사이!
- **C** 생각하는 게 정반대! 티격태격 으르렁대는 사이.
- **D** 나를 따르라~. 내가 상대를 이끌어 주는 관계!
- **E** 상대를 따라가면 행운이 퐁퐁퐁 솟을 거야.
- **F** 운명이 되기엔 너무 먼 사이.
- **G** 다른 점도 맞춰 가며 성장하는 좋은 관계!
- **H** 최악의 궁합! 다른 곳에서 운명을 찾아 봐!

지구인의 미신력을 측정한다!

나는 얼마나 미신에 푹 빠져 있을까?
지금 당장 테스트해 봐!

YES →
NO →

나만의 시험 징크스가 있다.

- YES → 귀신이 나타날까 무서워 나만의 부적을 가지고 다닌다.
- NO → 빨간색으로는 절대 이름을 쓰지 않는다.

윤박은 이 모든 것에
Yes라고 답할 수 있지.
역시 대단해!

관상부터
혈액형별 특징까지
미신이라면 줄줄 꿰고 있다.

유체 이탈을 통해
영혼이 몸에서
빠져나가는 걸
느껴 봤다.

짝사랑하는 사람과
이름 점을 쳐 봤다.

나의 미신력은 보스 수준!

주머니 안에
부적을 몇 개나
숨겨 놓은 거지…?!

나의 미신력은 써니 수준!

미신을 믿기는
하지만, 재미있게
즐기는 정도야.

나의 미신력은 라후드 수준!

조금씩
미신에 관심이
생기기 시작한
미신 초보.

나의 미신력은 아싸 수준!

오로지 눈에
보이는 것만 믿는
냉철한 이성의
소유자!

오로라의 특급 처방

미신에 빠진 지구인을 위한 특급 처방이다.
다음, 두 개의 그림 중 다른 곳 다섯 군데를 찾아라.
집중하다 보면 미신이고 뭐고 잊게 될 거야.

너무 어려운 거 아니야?
대체 어디가 다른 거야?
꼭 찾고 말겠어!

9권 미리보기

선택으로 가득 찬 지구의 시간!

과연 최고의 결정을 내릴 수 있을까?

루이가 아우린의 정체를 알고 있나? 그렇다면 제거해야 한다. 다른 방법은 없나?

루이의 웹툰을 본 아우린들은 고민에 빠진다. 어떻게 해야 하지? 무엇이 최고의 선택일까? 고민하던 아우린들은 비밀 목적을 지닌 수상한 여행에 루이를 데리고 가기로 한다.

선택 때문에 괴로워하기는 지구인들도 마찬가지. 이번 여행의 숙소 예약을 맡게 된 루이는 최고의 숙소를 잡겠다고 결심한다.

“가장 좋은 시설을 지닌 가장 저렴한 숙소를 잡아야지. 바다를 볼 수 있어야 하고, 침대도 모두 따로 써야 해.”

그러나 이것저것 따지던 루이가 내린 최고의 선택은 웬일인지 점점 최악의 상황으로 치닫는데…….

지구인들은 끊임없이 선택을 한다. 하지만 올바른 선택을 하는 일은 드물다. 겉만 보고 성급히 판단하고, 결정을 남에게 미룬다. 선택과 후회를 반복하는 지구인들, 대체 왜 이러는 걸까?

한편, 아우레에는 새로운 소식이 전해진다. 아우린이 거주 가능한 또 다른 행성을 발견했다는 것! 모두가 흥분과 들뜸을 감추지 못하고, 지도부는 중대한 결정을 내린다.

"아우레 탐사대, 귀환하라."

탐사대 최고 위기! 아우린들은 정말 지구를 떠나게 될까? 지구인에게도, 아우린에게도 결정의 순간이 다가온다. 이들의 최종 선택은 과연……?!

아우린들이 관찰하는 지구인의 "선택" 이야기가 9권에서 이어집니다.

정재승의 인간 탐구 보고서

08 불안이 온갖 미신을 만든다

기획 정재승 | **글** 정재은 이고은 | **그림** 김현민
사진 getty images bank, Shutterstock, Wikimedia Commons, gettyimages, Billy Goat Tavern
배경설계자 김지선

1판 1쇄 발행 2021년 12월 30일
1판 8쇄 발행 2025년 5월 20일

펴낸이 김영곤
기획개발 문영 이신지 **프로젝트4팀** 김미희 이해인 **디자인** 한성미 김단아
마케팅팀 남정한 나은경 한경화 권채영 전연우 최유성
영업팀 한충희 장철용 강경남 황성진 김도연
제작 이영민 권경민

펴낸곳 ㈜북이십일 아울북
출판등록 2000년 5월 6일 제406-2003-061호
주소 (10881) 경기도 파주시 회동길 201(문발동)
대표전화 031-955-2100 **팩스** 031-955-2177 **홈페이지** www.book21.com

ISBN 978-89-509-8314-7 74400
ISBN 978-89-509-8306-2 74400 (세트)

책값은 뒤표지에 있습니다.
잘못 만들어진 책은 구입하신 서점에서 교환해 드립니다.

- 제조자명 : (주)북이십일
- 주소 및 전화번호 : 경기도 파주시 문발동 회동길 201(문발동) / 031-955-2100
- 제조연월 : 2025.5.20.
- 제조국명 : 대한민국
- 사용연령 : 3세 이상 어린이 제품

너와 나, 우리들의 마음을 이해하게 도와줄 첫 번째 뇌과학 이야기

정재승의 인간 탐구 보고서 (1~16권)

1. 인간은 외모에 집착한다
2. 인간의 기억력은 형편없다
3. 인간의 감정은 롤러코스터다
4. 사춘기 땐 우리 모두 외계인
5. 인간의 감각은 화려한 착각이다
6. 성은 우리를 다르게 만든다
7. 인간은 타고난 거짓말쟁이다
8. 불안이 온갖 미신을 만든다
9. 인간의 선택은 엉망진창이다
10. 공감은 마음을 연결하는 통로
11. 인간을 울고 웃게 만드는 스트레스
12. 인간은 누구나 더없이 예술적이다
13. 인간은 모두 호기심 대마왕
14. 인간, 돈의 유혹에 퐁당 빠지다
15. 소용돌이치는 사춘기의 뇌
16. 사랑은 마음을 휘젓는 요술 지팡이

인류의 과거와 현재를 이어 줄 아우린들의 시간 여행 !

완간

정재승의 인류 탐험 보고서 (1~10권)

1. 위대한 모험의 시작
2. 루시를 만나다
3. 달려라, 호모 에렉투스!
4. 화산섬의 호모 에렉투스
5. 용감한 전사 네안데르탈인
6. 지구 최고의 라이벌
7. 수군수군 호모 사피엔스
8. 대륙의 탐험가 호모 사피엔스
9. 농사로 세상을 바꾼 호미닌
10. 안녕, 아우레 탐사대!

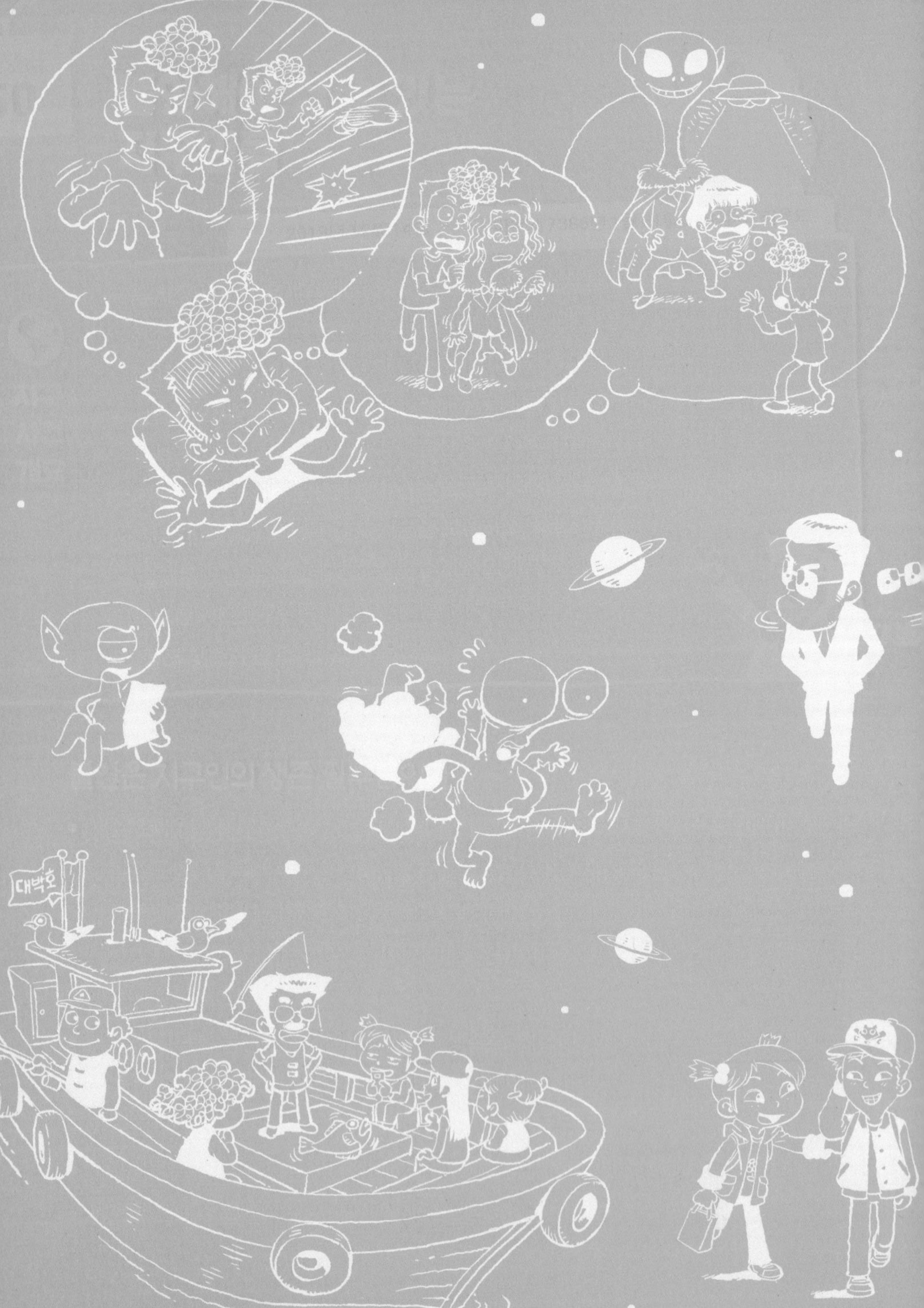
대박호